JN026950

ひとりで学べるドイツ語

橋本政義
Hashimoto Masayoshi

文法の基本が
しっかり身につく

＋音声ダウンロード

音声ダウンロードについては、三修社ホームページを参照。
https://www.sanshusha.co.jp/audiobook/
Audiobook への会員登録（無料）が必要です。
登録後、シリアルコードの入力欄に「05958」を入力してください。

はじめに

みなさん Guten Tag（グーテン ターク・こんにちは）！

この本は、タイトルの通り「ひとりで」楽しみながらドイツ語が学べるように、さまざまな工夫がされています。

まるで大学や語学学校の教室のなかで、実際に授業を受けているような明るく楽しい雰囲気のなかで、みなさんひとりひとりに直接語りかけるように、文法の説明から問題の解説にいたるまで、わかりやすく丁寧に書かれています。

そして楽しみながらドイツ語が身につくように、みなさんをしっかりとサポートし、ゴールまでエスコートしていきます。
ですから安心して、いつも新鮮な興味を忘れずについてきてください。

ドイツ語を学ぶということ――それは今まで知らなかった国や人や文化を学ぶことであり、みなさんの世界を限りなく豊かにしてくれるに違いありません。

さあ、いっしょにドイツ語の世界へ旅立ちましょう！

橋本政義

1 動詞の「活用」は、テキストと同時に見られるように、まとめました。

動詞の活用表は、いつでも参照できるように巻末にまとめました。
活用に関する章では、適宜、参考にしながら、課題に取り組んでください。
何度も確認していくうちに、徐々に覚えられるはずです。

2 「問題を解く」ことでドイツ語の力がついてきます

チェックテストを多く用意しました。
自分で規則を思い出して、実際に使えるまで練習することが、ドイツ語の力をつけるには重要です。
説明を読み直したり、解答を見て、確認してください。

3 ネイティブの発音を何度も聞いて耳からも学習しましょう。

音声マークの部分は、ネイティブスピーカーによる音声があります。
何度も聞いて、声に出してみてください。
そして音声を真似してください。ドイツ語のリズムを感じてください。

Inhaltsverzeichnis もくじ

ドイツ語の世界へようこそ

ドイツ語を学びはじめるみなさん、
ドイツ語に対して抱いているイメージってどんなものでしょうか。

「むずかしい」？
たしかに「ドイツ語はむずかしい」って
思われているみたいですが、それは偏見です。

みなさんはこれまでに学校で英語を学んできています。
その英語の知識があれば、ドイツ語はとても学びやすい言語なのです。

なぜかといえば、英語とドイツ語が兄弟のような関係だから、です。
ドイツの隣の国の言葉、オランダ語も加えて、３つの言語がどれだけ似ているか比べてみましょう。

	英語	オランダ語	ドイツ語
りんご	*apple*	appel アペル	Apfel アプフェル
よい	*good*	goed フート	gut グート
作る	*make*	maken マーケン	machen マッヘン

３つの言葉は似ているでしょう？

このように、英語、オランダ語、ドイツ語は基本語に共通のものが多くあります。
そして、文法の体系もよく似ています。

ドイツ語を話している人々はどのくらいいるか、知っていますか？

ドイツ語を使用している人々は約1億1000万人です。思ってたより多いですか？少ないですか？

日本語の話者とほぼ同じ数ですが、ドイツ語はドイツやオーストリア、そしてリヒテンシュタインのほかに、スイス、ルクセンブルク、ベルギー、イタリアの一部など、数多くの国や地域で話されていて、ヨーロッパではロシア語に次いで使用人口の多い言語です。

ドイツ語を学んで、いろいろな国の人たちとコミュニケーションしてみましょう。

文字と発音

ドイツ語のアルファベットを見てみましょう。

音声をよく聞いて、まねして声に出してみてください。
注意してほしいことが、2つあります。

1) 口を大きく動かす
2) 聞こえたとおりに発声する

001 1 アルファベット

ドイツ語で、アルファベットは、Alphabet［アルファベート］といいます。
まず表を見てみましょう。

A a [a:] アー	B b [be:] ベー	C c [tse:] ツェー	D d [de:] デー	E e [e:] エー	F f [ɛf] エフ
G g [ge:] ゲー	H h [ha:] ハー	I i [i:] イー	J j [jɔt] ヨット	K k [ka:] カー	L l [ɛl] エル
M m [ɛm] エム	N n [ɛn] エン	O o [o:] オー	P p [pe:] ペー	Q q [ku:] クー	R r [ɛr] エル
S s [ɛs] エス	T t [te:] テー	U u [u:] ウー	V v [faʊ] ファオ	W w [ve:] ヴェー	X x [ɪks] イクス
Y y [ýpsilɔn] ユプスィロン	Z z [tsɛt] ツェット	Ä ä [ɛ:] エー	Ö ö [ø:] エー	Ü ü [y:] ユー	ß [ɛstsɛ́t] エスツェット

英語の 26 文字に加えて、ドイツ語特有の文字、Ä, ä（アー・ウムラウト）、Ö, ö（オー・ウムラウト）、Ü, ü（ウー・ウムラウト）と ß（エスツェット）があります。

音声を聞きながら、聞こえたとおりに、声にだしてみましょう。

基本の基本です。根気強く練習しましょう。

ウムラウトとは「変音」という意味で、はじめのうちは正しく発音するのがちょっと難しいかもしれません。
正しく発音するためのポイントを説明しておきましょう。

Ä ä

ほとんど日本語の［エ］と同じです。

Ö ö

カタカナ表記では同じ［エ］でも、上の［エ］とはまったく違った音です。［オ］の口の構えで［エ］と発音するようにしてみてください。最初は抵抗があるかもしれませんが、くり返し練習すれば文字を見ただけで口が自然とこの音の構えになります。

Ü ü

［ウ］の口の構えで［イ］と発音します。

ドイツ語の発音に少し慣れましたか？
今はむずかしく感じても、個々の単語の
発音は簡単なので、心配いりません。

Keine Sorge!（心配しないで！）
カイネ　ゾルゲ

002 2 発音の原則

ここでは単語で音を確認しましょう。ドイツ語の発音はとても簡単です。

サイレントになる（発音しない）文字はなく、ほとんどがローマ字読みです。

まず、次の３つの原則を覚えましょう。これさえマスターすれば、ほとんどの単語は発音できるようになります。

原則① 基本はローマ字式

「おじ」を意味する次の単語です。原則どおりに読んでみましょう。

Onkel［オンケル］

ドイツ語では名詞は文中でも語頭を大文字で書きます。

「感謝する」という意味の動詞も発音してみましょう。

danken［ダンケン］

原則② アクセントは第一音節にある

Onkel や danken のように、ドイツ語では最初の母音にアクセントを置くのが原則です。それぞれ発音してみましょう。

Tante おば

finden 見つける

これも原則どおりです。

［タンテ］と［フィンデン］。

原則③ アクセントのある母音は子音１個の前では長く、２個以上の前では短くなる

Name 名前　a の後に子音の m が１個だから、a をのばして［ナーメ］と発音します。

denken 考える　e の後に nk と子音が２個続くから、e は短くなって［デンケン］と発音します。

意外と簡単でしょう！この原則だけでほとんどの単語が読めます。

3 ドイツ語特有の読み方をする母音と子音

ドイツ語に特徴的な音の組み合わせがいくつかあるので、母音、子音の順に確認しましょう。

003 3-1 母音

ウムラウトがつくのは、a, o, u の 3 つです。

ä [ɛ / ɛː　エ / エー]　Kälte 寒さ ケルテ　Träne 涙 トレーネ

ö [œ / ø　エ / エー]　Köln ケルン（地名） ケルン　Öl 油 エール

ü [ʏ / yː　ユ / ユー]　Hütte 小屋 ヒュッテ　Tür ドア テューア

ei [aɪ　アイ]　Arbeit 仕事 アルバイト　klein 小さい クライン

要注意！そのまま〔エイ〕と発音する間違いがとても多いので、意識してください。

ie [iː　イー]　Brief 手紙 ブリーフ　lieben 愛する リーベン

eu / äu [ɔʏ　オイ]　Freude 喜び フロイデ　Bäume 木（複数） ボイメ

この組み合せも〔エウ〕と発音しないように、注意が必要です。

004 3-2 子音

子音にもドイツ語独特の読み方が少しだけあります。

ここで完璧に覚えてしまいましょう。

語末の b [p プ]、d [t ト]、g [k ク]

アルファベットで見たように［ベー］、［デー］、［ゲー］という音になるだけではありません。語末に来たときは濁りません。

gelb 黄色の
ゲルプ

Kind 子供
キント

Tag 日
ターク

ch

アハハ、オホホ、ウフフと笑う要領で発音しましょう。

① a, o, u, au の後では [x ハ]

この音は喉の奥を使って出します。カナ発音では［ハ］となっていますが、a の後に ch があったら［アハ］、o の後だったら［オホ］、そして u の後にきたときは［ウフ］と発音します。

確認しながら練習してみましょう。

Nacht 夜
ナハト

Tochter 娘
トホター

Buch 本
ブーフ

auch ～もまた
アオホ

② ①以外では [ç ヒ]

ich 私
イヒ

Milch ミルク
ミルヒ

chs と x は [ks クス]

wachsen 成長する
ヴァクセン

Examen* 試験
エクサーメン

*外来語なので、アクセントは例外的に a におきます。

母音＋ h は長母音

ドイツ語に読まない文字はないですが、唯一サイレントになるのがこの組み合わせ母音＋ h です。h を発音しない代わりに、前の母音を伸ばします。

fahren （乗り物で）行く
ファーレン

Bahn 鉄道
バーン

j ［j ユ］ Juli 7月 ユーリ　Japan 日本 ヤーパン

ig ［iç イヒ］ König 王 ケーニヒ　fleißig 勤勉な フライスィヒ

ng ［ŋ ング］ Junge 少年 ユンゲ　lang 長い ラング

s ＋母音は ［z ズ］

Sonne 太陽 ゾンネ　sagen 言う ザーゲン

外来語を発音するとき、基本的に欧米から輸入された単語の場合は英語なら英語式、フランス語ならフランス語式に発音するようになっていますが、多くの日本語はドイツ語式に発音されます。

そうすると、ときどきおかしなことが起こります。たとえば男性の名前に多いススム（Susumu）をドイツ語式に発音すると…。

そう、［ズズム］。

スズキワカコ（Suzuki Wakako）さんをドイツ語式に読むと、z が濁らなくて w が英語の v の音になるので…。

［バカコ　ズツキ］と発音されてしまうかもしれません。

sch [ʃ シュ]

ドイツ語には sh という文字の組み合わせはないので、英語の sh はすべて sch となります。

Englisch 英語
エングリッシュ

Schule 学校
シューレ

tsch [tʃ チュ]

Deutsch ドイツ語
ドイチュ

Tschüs バイバイ
チュース

語末の sp [ʃp シュプ]

sprechen 話す
シュプレッヒェン

Sport スポーツ
シュポルト

語末の st [ʃt シュト]

Student* 大学生
シュトゥデント

Stern 星
シュテルン

*外来語なので、アクセントは例外的に e におきます。

ss / ß [s ス]

küssen キスする
キュッセン

Fuß 足
フース

v [f フ]

Vater 父
ファーター

viel 多い
フィール

w [v ヴ]

Wein ワイン
ヴァイン

wohnen 住む
ヴォーネン

z [ts ツ]

Zug 列車
ツーク

tanzen 踊る
タンツェン

発音のまとめに、練習をかねて、よく使われるあいさつを覚えましょう。

Guten Morgen, Herr Müller!
グーテン　モルゲン　ヘア　ミュラー
おはようございます、ミュラーさん（男性の場合）。

Guten Tag, Frau Schneider!
グーテン　ターク　フラウ　シュナイダー
こんにちは、シュナイダーさん（女性の場合）。

Guten Abend, Peter!
グーテン　アーベント　ペーター
こんばんは、ペーター。

Hallo, Julia!
ハロー　ユーリア
やぁ、ユリア。

Gute Nacht!
グーテ　ナハト
おやすみなさい。

Danke schön!
ダンケ　シェーン
どうもありがとう。

Bitte schön!
ビッテ　シェーン
どういたしまして。

コミュニケーションの
基本は、あいさつです。
気持ちが伝わるように、
大きな声で口に出して
みましょう。

1

さあ、ここからは文法です。

最初は動詞です。

英語を思い出してみましょう。
He comes.
主語が３人称の単数のときだけ動詞に -s をつけます。
ドイツ語では、「あなた」や「わたし」、あるいは「彼」や「彼ら」といったそれぞれの主語に合わせて、決まった語尾をつけます。
英語と比べると少しわずらわしく感じるかもしれませんが、一度、覚えれば安心です！
文の構造や意味を左右する、とても重要な動詞の活用を、ここでしっかりと覚えましょう。
何事もはじめが肝心です！
ひとつずつ丁寧に身につけましょう。

Lektion 1 動詞

まず、文の要になる動詞について学びます。
はじめは文法用語がいくつか出てきますが、整理して、理解しましょう。

 1 不定詞とは？

動詞の原形、つまり辞書にのっている形は不定詞といいます。
この不定詞は語幹と語尾からできています。例を見てみましょう。

不定詞	=	語幹	+	語尾
singen 歌う ズィンゲン	=	sing	+	en
lieben 愛する リーベン	=	lieb	+	en

- **singen** 動 歌う
- **lieben** 動 愛する

語尾を見ると、不定詞の語尾は、ほとんどが en です。
これから勉強する動詞の現在人称変化は、語幹に主語に応じた語尾をつけて作ります。

007 2 人称代名詞を覚えよう

まず英語の I や you にあたるドイツ語の人称代名詞を紹介します。対応する英語と一緒に一覧表にしたものです。

		単数 (sg.)			複数 (pl.)		
1 人称		ich イヒ	私は	*I*	wir ヴィーア	私たちは	*we*
2 人称	親称	du ドゥー	君は	*you*	ihr イーア	君たちは	*you*
	敬称	Sie ズィー	あなたは	*you*	Sie ズィー	あなたたちは	*you*
3 人称		er エア	彼は	*he*			
		sie ズィー	彼女は	*she*	sie ズィー	彼らは	*they*
		es エス	それは	*it*			

2 人称に親称（du と ihr）と敬称（Sie）があります。
親称は親しい間柄で使い、それ以外には敬称を用います。

008 3 基本的な人称変化を学ぼう

人称に合わせて、動詞の変化を確認しましょう。

語幹にきまった語尾をつけて、変化させます。英語では「3単現のs」だけでしたが、ドイツ語ではすべての人称で語尾をつけます。

下の表で確認しましょう。

人称変化語尾

ich -e	wir -en
du -st	ihr -t
Sie -en	Sie -en
er sie -t es	sie -en

singen（歌う）の現在人称変化

ich イヒ	singe ズィンゲ	wir ヴィーア	singen ズィンゲン
du ドゥー	singst ズィングスト	ihr イーア	singt ズィングト
Sie ズィー	singen ズィンゲン	Sie ズィー	singen ズィンゲン
er エア sie ズィー es エス	singt ズィングト	sie ズィー	singen ズィンゲン

このように主語に応じて変化（＝人称変化）した形は、定動詞と呼びます。

習うより慣れろ！でたくさんの動詞を変化させてみましょう。

ちょっと練習してみましょう。

左ページの表を見ながら、書いてみましょう。

009

lernen　学ぶ
レルネン

ich	________	wir	________
du	________	ihr	________
Sie	________	Sie	________
er	________	sie	________

3 人称単数は、er でまとめています。

- **lernen**
動 学ぶ

これが動詞の人称変化の基本的な形です。

そして次のように用います。

Er lernt Deutsch.
彼はドイツ語（Deutsch）を学んでいる。

まずはこの基本形をしっかり覚えましょう。

lernen

ich	lerne	wir	lernen
du	lernst	ihr	lernt
Sie	lernen	Sie	lernen
er	lernt	sie	lernen

あとで例外の変化の形を説明するので、基本の人称変化と混ざらないように、しっかりと復習しましょう。

仕上げに gehen（行く）で練習しましょう。

010

gehen 行く
ゲーエン

ich	＿＿＿＿	wir	＿＿＿＿
du	＿＿＿＿	ihr	＿＿＿＿
Sie	＿＿＿＿	Sie	＿＿＿＿
er	＿＿＿＿	sie	＿＿＿＿

● **gehen**
動 行く

gehen

ich	gehe	wir	gehen
du	gehst	ihr	geht
Sie	gehen	Sie	gehen
er	geht	sie	gehen

 4 例外のない規則はない！

例外といっても発音する上では当たり前の規則です。

語幹が -d や -t などで終わる動詞は、発音しやすいように du と er そして ihr の 3 箇所で語尾の前に -e を入れます。

よく使う動詞 arbeiten（働く）で説明しましょう。

arbeiten 働く
アルバイテン

ich	arbeite アルバイテ	wir	arbeiten アルバイテン
du	arbeitest アルバイテスト	ihr	arbeitet アルバイテット
Sie	arbeiten アルバイテン	Sie	arbeiten アルバイテン
er	arbeitet アルバイテット	sie	arbeiten アルバイテン

実際に e を入れないで発音したら、発音しにくいことがわかります。

● **arbeiten**
動 働く

文のなかで確認しましょう。

Sie arbeitet fleißig.
フライスィヒ
彼女は熱心に（fleißig）働く。

● **fleißig**
副 熱心に

よく使う動詞で、このタイプを練習しましょう。

012

finden 見つける
フィンデン

ich ____________ wir ____________
du ____________ ihr ____________
Sie ____________ Sie ____________
er ____________ sie ____________

・**finden**
動 見つける

仕上げに warten（待つ）で練習しましょう。

warten 待つ
ヴァルテン

ich ____________ wir ____________
du ____________ ihr ____________
Sie ____________ Sie ____________
er ____________ sie ____________

・**warten**
動 待つ

基本の形と例外の形のひとつ目を整理できましたか。

例外はこれだけではありません。
次から変化表が続いて出てきます。

finden

ich	finde	wir	finden
du	findest	ihr	findet
Sie	finden	Sie	finden
er	findet	sie	finden

warten

ich	warte	wir	warten
du	wartest	ihr	wartet
Sie	warten	Sie	warten
er	wartet	sie	warten

5 語幹の母音が変わるものがある！

今度がほんとうの例外です。

単数の 2 人称 du と 3 人称 er, sie, es で語幹の母音が変わるものが 2 種類あります。

頻繁に使う重要動詞に多いので、ひとつずつしっかり覚えてください。

5-1 a にウムラウトがついて ä に変わるタイプ

変わるのは du と er の 2 箇所だけです。ほかのところは規則変化です。

schlafen 眠る
シュラーフェン

ich	schlafe シュラーフェ	wir	schlafen シュラーフェン
du	schläfst シュレーフスト	ihr	schlaft シュラーフト
Sie	schlafen シュラーフェン	Sie	schlafen シュラーフェン
er	schläft シュレーフト	sie	schlafen シュラーフェン

● **schlafen**
動 眠る

よく使う fahren で練習しましょう。

fahren （乗り物で）行く
ファーレン

ich	________	wir	________
du	________	ihr	________
Sie	________	Sie	________
er	________	sie	________

- **fahren**
  動（乗り物で）行く

fahren

ich	fahre	wir	fahren
du	fährst	ihr	fahrt
Sie	fahren	Sie	fahren
er	fährt	sie	fahren

実際の文のなかでは、次のように使います。

Er fährt nach Kyoto.
ナーハ
彼は京都へ（nach Kyoto）行く。

- **nach**
  前～へ

5-2 e が i または ie に変わるタイプ

sprechen 話す
シュプレッヒェン

ich	spreche シュプレッヘ	wir	sprechen シュプレッヒェン
du	sprichst シュプリヒスト	ihr	sprecht シュプレヒト
Sie	sprechen シュプレッヒェン	Sie	sprechen シュプレッヒェン
er	spricht シュプリヒト	sie	sprechen シュプレッヒェン

sehen 見る
ゼーエン

ich	sehe ゼーエ	wir	sehen ゼーエン
du	siehst ズィースト	ihr	seht ゼート
Sie	sehen ゼーエン	Sie	sehen ゼーエン
er	sieht ズィート	sie	sehen ゼーエン

sprechen のように e を短く発音するときは i に変わります。
sehen のように長く発音するときは ie となることが多いです。

文のなかで確認しましょう。

Er spricht gut Englisch.
グート
彼は上手に（gut）英語を話す。

- **sprechen** 動 話す
- **sehen** 動 見る
- **gut** 副 上手に
- **Englisch** 名 英語

このタイプの人称変化を練習しましょう。

016

helfen 助ける
ヘルフェン

ich ____________ wir ____________
du ____________ ihr ____________
Sie ____________ Sie ____________
er ____________ sie ____________

nehmen 取る
ネーメン

ich ____________ wir ____________
du ____________ ihr ____________
Sie ____________ Sie ____________
er ____________ sie ____________

● **helfen**
動 助ける

● **nehmen**
動 取る

helfen

ich	helfe	wir	helfen
du	hilfst	ihr	helft
Sie	helfen	Sie	helfen
er	hilft	sie	helfen

nehmen

ich	nehme	wir	nehmen
du	nimmst	ihr	nehmt
Sie	nehmen	Sie	nehmen
er	nimmt	sie	nehmen

nehmen は母音だけでなく子音も変わります。

語幹の母音に a や e があると必ず変わるわけではありません。

たとえば lachen［ラッヘン］（笑う）や lernen（学ぶ）は、規則変化です。変える必要はありません。

・**lachen**
動 笑う

外国語学習の鉄則をここで紹介しましょう。

- ☑ わからないときは辞書をひきましょう。
- ☑ 面倒くさがらずに、辞書をひく習慣をつけましょう。
- ☑ 面倒だからこそ、記憶に残ります。
- ☑ わからないままにしておくほうがもったいないです。

不規則変化の動詞は、辞書では次のように見出し語の右肩に＊がついています。

schla · fen*
spre · chen*

5-3 重要な werden と wissen

この２語はさらに不規則ですが、極めて重要です。必ず覚えましょう。

werden ～になる
ヴェーアデン

ich	werde ヴェーアデ	wir	werden ヴェーアデン
du	wirst ヴィルスト	ihr	werdet ヴェーアデット
Sie	werden ヴェーアデン	Sie	werden ヴェーアデン
er	wird ヴィルト	sie	werden ヴェーアデン

例文で確認しましょう。

Was wirst du? — Ich werde Arzt.
ヴァス　アールツト

君は何に（was）なるの？—私は医者（Arzt）になる。

wissen 知っている
ヴィッセン

ich	weiß ヴァイス	wir	wissen ヴィッセン
du	weißt ヴァイスト	ihr	wisst ヴィスト
Sie	wissen ヴィッセン	Sie	wissen ヴィッセン
er	weiß ヴァイス	sie	wissen ヴィッセン

- **werden**
  動 ～になる
- **was**
  何？
- **der Arzt**
  名 男 医者
- **wissen**
  動 知っている

例文で確認しましょう。

Er weiß alles.
アレス
彼はすべてを（alles）知っている。

● alles
名 すべて

werden は、du と er の 2 箇所に注意が必要です。
未来や受動の助動詞としても使います。

wissen は単数（Sie を除く）で幹母音が変わり、単数 1・3 人称に語尾がつかない独特の変化をします。

この変化はあとで出てくる話法の助動詞（英語の must や can にあたるもの）の変化と同じなので、ここで覚えておくと後がすごく楽になります。

まさに「苦あれば楽あり」がんばろう！

018

6 英語のbeとhaveは？

存在と所有を表す最も重要な動詞の変化です。

英語もそうですが、かなり不規則な変化をするので、注意してください。読み方にも気をつけましょう。

sein ～である
ザイン

ich	bin ビン	wir	sind ズィント
du	bist ビスト	ihr	seid ザイト
Sie	sind ズィント	Sie	sind ズィント
er	ist イスト	sie	sind ズィント

haben 持っている
ハーベン

ich	habe ハーベ	wir	haben ハーベン
du	hast ハスト	ihr	habt ハープト
Sie	haben ハーベン	Sie	haben ハーベン
er	hat ハット	sie	haben ハーベン

- **sein**
  動 ～である

- **haben**
  動 持っている

文で、変化を確認しましょう。

019

❶ sein

Was ________________ Sie?
ヴァス　　　　　　　　ズィー

— Ich ________________ Student.
イヒ　　　　　　　　シュトゥデント

❷ haben

________________ du heute Zeit?
ドゥー　ホイテ　ツァイト

— Ja, ich ________________ heute Zeit.
ヤー　イヒ　　　　　　　　ホイテ　ツァイト

- **der Student**
  名 男 学生
- **heute**
  副 きょう
- **die Zeit**
  名 女 時間

❶ sind, bin
あなたは何ですか。
—私は大学生です。

❷ Hast, habe
君、きょう時間ある。
—うん、あるよ。

職業や身分あるいは国籍を紹介するとき、冠詞は不要。

7 簡単に作れる命令形

ここで命令形について説明しましょう。

これまでの知識で、命令形が簡単に作れます。

まず、命令形は2人称に対して用いるということを認識してください。

du と ihr、そして Sie に対する形があります。

たとえば du に対して「来い！」という場合は、語幹の Komm! だけです。

詳しく見ていきましょう。

7-1 du に対する命令形 = 不定詞の語幹＋ [e]

kommen 来る → Komm[e]! 来い!　**e はふつう省かれる**
コッメン　コム

warten 待つ → Warte! 待て!　**口調上必ず e を入れる**
ヴァルテン　ヴァルテ

sein ～である → Sei vorsichtig! 気をつけよ!
ザイン　ザイ フォーアズィヒティヒ

sprechen 話す → Sprich lauter! もっと大きな声で話せ!
シュプレッヒェン　シュプリッヒ ラオター

- **kommen** 動 来る
- **vorsichtig** 形 慎重な
- **lauter** 形 もっと大きい

現在人称変化で e が i、または ie に変わるタイプの動詞は、命令形でも変化します。ただし語尾 e はつけません。

021 7-2 ihr に対する命令形 ＝ 不定詞の語幹＋ t

kommen → Kommt!
コムト

warten → Wartet! 口調上必ず e を入れる
ヴァルテット

sein → Seid vorsichtig! sein のみ例外
ザイト　フォーアズィヒティヒ

sprechen → Sprecht lauter!
シュプレヒト　ラオター

7-3 Sie に対する命令形 ＝ 不定詞の語幹＋ [e]n Sie

主語 Sie を必ずつけます。

kommen → Kommen Sie!
コッメン　ズィー

warten → Warten Sie!
ヴァルテン　ズィー

sein → Seien Sie vorsichtig! sein のみ例外
ザイエン　ズィー　フォーアズィヒティヒ

sprechen → Sprechen Sie lauter!
シュプレッヒェン　ズィー　ラオター

まとめに、fahren と lesen（読む）で練習しましょう。

fahren		**lesen** レーゼン	
du	＿＿＿＿	du	＿＿＿＿
ihr	＿＿＿＿	ihr	＿＿＿＿
Sie	＿＿＿＿	Sie	＿＿＿＿

• **lesen**
動 読む

fahren

du	Fahr[e]!
ihr	Fahrt!
Sie	Fahren Sie!

fahren は語幹を変えない。

lesen

du	Lies!
ihr	Lest!
Sie	Lesen Sie!

lesen は du のときに要注意！

8 ドイツ語の語順を英語と比べてみよう

ドイツ語の大きな特徴

文頭に主語だけでなく、さまざまな語が置かれます。

大原則があって、定動詞だけは必ず２番目にきます。

ただし、疑問詞のない疑問文では、定動詞が文頭に置かれます。

動詞に trinken（飲む）を用いたさまざまな文で比べましょう。

Ich trinke heute Bier. 私は今日ビールを飲む。
イヒ トリンケ ホイテ ビーア

Bier trinke ich heute. ビールを私は今日飲む。
ビーア トリンケ イヒ ホイテ

Heute trinke ich Bier. 今日私はビールを飲む。
ホイテ トリンケ イヒ ビーア

Was trinken Sie heute? 何をあなたは今日飲みますか?
ヴァス トリンケン ズィー ホイテ

Trinken Sie heute Bier? あなたは今日ビールを飲みますか?
トリンケン ズィー ホイテ ビーア

—Ja, ich trinke heute Bier. はい、私は今日ビールを飲みます。
ヤー イヒ トリンケ ホイテ ビーア

—Nein, ich trinke heute Wein.
ナイン イヒ トリンケ ホイテ ヴァイン

いいえ、私は今日ワインを飲みます。

ふつうの文では、かならず動詞が２番目にきます。

- **trinken** 動 飲む
- **das Bier** 名 中 ビール
- **der Wein** 名 男 ワイン

was は英語の what にあたる疑問詞です。
そのほかのだいじな疑問詞を紹介します。

wo　どこに
ヴォー

wann　いつ
ヴァン

warum　なぜ
ヴァルム

wer　だれが
ヴェーア

wie　どのように
ヴィー

動詞の基本的な変化を学習しました。
ここまでに学習したことをしっかり復習してください。
今日はここまで。

Bis morgen!　**また明日！**
ビス　モルゲン

2

名詞と冠詞の変化

ドイツ語では、冠詞が変化して、名詞の文における役割がわかるようになっています。

基本的な変化を覚えれば、ドイツ語の文がわかってくるので、しっかりと頭にいれましょう。

Lektion 2

名詞と冠詞

025 1 ドイツ語の名詞には性別がある

まず、発音の復習をかねて、次の名詞に冠詞をつけて発音しましょう。

der Vater 父
die Mutter 母
das Kind 子供

ドイツ語の発音はローマ字読みが原則です。

順に［デア　ファーター］［ディー　ムッター］［ダス　キント］。

この名詞の前についている der, die, das が、新しく学ぶ冠詞です。英語の the にあたる冠詞で、性別を表します。

Vater（父）は男性だから der、Mutter（母）は女性だから die、Kind（子供）はまだ成長の途中ということで、中性になって das という冠詞がついています。

無生物にもすべて性が与えられていて、「庭」は男性で der Garten［デア　ガルテン］、「メガネ」は女性で die Brille［ディー　ブリレ］、「家」は中性で das Haus［ダス　ハオス］。

ヨーロッパの言葉は、一般的に、性の区別があります。

名詞と冠詞をセットで覚えるようにしましょう。

どちらかというと英語が例外です。
そのうちに慣れるから、
最初は気にしないで！

- **der Vater** 名男 父
- **die Mutter** 名女 母
- **das Kind** 名中 子供
- **der Garten** 名男 庭
- **die Brille** 名女 メガネ
- **das Haus** 名中 家

026 2 日本語の「が」「の」「に」「を」はドイツ語では？

日本語を話すときにあまり意識していませんが、主語を表すとき名詞の後に「が」や「は」をつけ、所有を表すときは「の」をつけ、間接目的語には「に」を、そして直接目的語には「を」をつけています。

ドイツ語では

主語は 1 格
所有は 2 格
間接目的語は 3 格
直接目的語は 4 格

と呼び、
冠詞を変化させることで区別しています。

たとえば、

「父が」だったら der Vater
「父に」だったら dem Vater
「父を」なら den Vater
となります。
2 格の場合は名詞に s がついて

des Vaters

となります。

女性の die Mutter と中性の das Kind と 3 つまとめた表です。

	男	女	中
1 格	der Vater デア ファーター	die Mutter ディー ムッター	das Kind ダス キント
2 格	des Vaters デス ファータース	der Mutter デア ムッター	des Kind[e]s デス キンデス
3 格	dem Vater デム ファーター	der Mutter デア ムッター	dem Kind デム キント
4 格	den Vater デン ファーター	die Mutter ディー ムッター	das Kind ダス キント

**この定冠詞の変化が大事なポイント。
これだけの知識で、もういろんな文が
作れるようになります。**

女性名詞は変化しません。

中性名詞の 2 格にも s（この場合は発音しやすいように es が普通）がつきます。

男性名詞と中性名詞の 2 格には s か es（ほとんどの場合 es）がつきます。

この英語の the にあたる定冠詞の変化は、これから勉強する品詞の変化の基になります。

絶対に覚えてしまいましょう。

作文にチャレンジしてみましょう。
下線に名詞や動詞を変化させて入れましょう。

❶ 母は (Mutter 女) 歌がうまい (gut singen)。

________________________.

❷ 私は (ich) 父 (Vater 男) を 愛している (lieben 4格と共に用いる)。

________________________.

❸ 私は 母の 手助けをする (helfen 3格と共に用いる)。

________________________.

ちょっとむずかしいよ。

❹ 私は その子供 (Kind 中) の母親を 知っている。
(kennen 4格と共に用いる)

________________________.

- **lieben**
  動 ～⁴を愛する
- **helfen**
  動 ～³を助ける
- **kennen**
  動 ～⁴を知っている

❶ Die Mutter singt gut.
ディー　ムッター　ズィングト　グート

❷ Ich liebe den Vater.
イヒ　リーベ　デン　ファーター

❸ Ich helfe der Mutter.
イヒ　ヘルフェ　デア　ムッター

❹ Ich kenne die Mutter des Kindes.
イヒ　ケネ　ディー　ムッター　デス　キンデス

最後の die Mutter des Kindes という表現は、英語の語順と少し違います。ドイツ語の所有を表す２格は、関係する名詞の後ろに来ます。

028 3 不定冠詞と名詞の変化

英語の a にあたるドイツ語は ein です。
ein も定冠詞と同じような変化をします。

	男		女		中	
1格	ein アイン	Vater ファーター	eine アイネ	Mutter ムッター	ein アイン	Kind キント
2格	eines アイネス	Vaters ファータース	einer アイナー	Mutter ムッター	eines アイネス	Kindes キンデス
3格	einem アイネム	Vater ファーター	einer アイナー	Mutter ムッター	einem アイネム	Kind キント
4格	einen アイネン	Vater ファーター	eine アイネ	Mutter ムッター	ein アイン	Kind キント

男性1格と中性の1格と4格
には語尾がつきません。

定冠詞の変化がほかの品詞の変化の基礎になるということ、覚えていますか。もとになる ein のあとに、定冠詞の語尾とほとんど同じ語尾がついています。

表現の練習をしましょう。

029

❶ ひとりの子供が (Kind ㊥) 歌っている (singen)。

________________________________.

「私はひとりの弟とひとりの妹をもつ」と表現する。

❷ 私には ひとりの弟 (Bruder ㊚) と (und) ひとりの妹が (Schwester ㊛) います (haben)。

________________ und ________.

定冠詞と不定冠詞を使った練習もやってみましょう。

❸ 父は 母に ハンドバッグ (Handtasche ㊛) を プレゼントします (schenken)。

________________________________.

- **der Bruder** 名男 兄、弟
- **und** 接 ～と
- **die Schwester** 名女 姉、妹
- **die Handtasche** 名女 ハンドバッグ
- **schenken** 動 プレゼントする

不安なときは、動詞の変化も確認しましょう。

❶ Ein Kind singt.
アイン　キント　ズィングト

❷ Ich habe einen Bruder und eine Schwester.
イヒ　ハーベ　アイネン　ブルーダー　ウント　アイネ　シュヴェスター

❸ Der Vater schenkt der Mutter eine Handtasche.
デア　ファーター　シェンクト　デア　ムッター　アイネ　ハントタッシェ

4 名詞の複数形はsをつければよいか？

英語から入った新しい外来語にはAutos（車、単数はAuto）のようにsをつけるタイプもありますが、ほとんどは英語のman → men, child → childrenのタイプです。

次の5つのタイプに分けられます。

	単数	複数
無語尾式 (‥)	der Onkel おじ デア オンケル	die Onkel ディー オンケル
	die Tochter 娘 ディー トホター	die Töchter ディー テヒター
E式 (‥)e	das Pferd 馬 ダス プフェーアト	die Pferde ディー プフェーアデ
	der Sohn 息子 デア ゾーン	die Söhne ディー ゼーネ
ER式 ‥er	das Kind 子供 ダス キント	die Kinder ディー キンダー
	das Buch 本 ダス ブーフ	die Bücher ディー ビューヒャー
[E]N式 -[e]n	das Auge 目 ダス アオゲ	die Augen ディー アオゲン
	die Frau 女 ディー フラオ	die Frauen ディー フラオエン
S式 -s	das Auto 車 ダス アオト	die Autos ディー アオトス

- **der Onkel** 名男 おじ
- **die Tochter** 名女 娘
- **das Pferd** 名中 馬
- **der Sohn** 名男 息子
- **das Buch** 名中 本
- **das Auge** 名中 目
- **die Frau** 名女 女性、妻
- **das Auto** 名中 車

英語に比べると、変化の種類が多く複雑に感じるかもしれませんが、簡単なところもあります。

複数形の格変化は一種類しかなく、性の区別がなくなります。

たとえば、「息子」der Sohn や「女性」die Frau、そして「車」das Auto の場合は、次のようになります。

単数	der デア	Sohn ゾーン	die ディー	Frau フラオ	das ダス	Auto アオト
複数 1 格	die ディー	Söhne ゼーネ	die ディー	Frauen フラオエン	die ディー	Autos アオトス
複数 2 格	der デア	Söhne ゼーネ	der デア	Frauen フラオエン	der デア	Autos アオトス
複数 3 格	den デン	Söhnen ゼーネン	den デン	Frauen フラオエン	den デン	Autos アオトス
複数 4 格	die ディー	Söhne ゼーネ	die ディー	Frauen フラオエン	die ディー	Autos アオトス

3 格には複数の語尾の後に、さらに n をつけます。

Frauen のようにすでに語尾に n がついていたり、Autos のように語尾が s の場合、n はつけません。

さあ、実際の文で
確認しましょう。

次の文の下線の名詞を複数にしましょう。
動詞も複数にすること！

❶ Der Vogel singt jeden Morgen. *Vogel の複数は Vögel
その鳥は毎朝さえずる。

→ ____________________.

❷ Der Vater schenkt dem Sohn das Buch.
父は息子にその本をプレゼントする。 *Sohn の複数は Söhne、Buch の複数は Bücher

→ ____________________.

❸ Das Kind gibt der Mutter eine Blume.
その子供は母親に１本の花を贈る。 *Kind の複数は Kinder、Mutter の複数は Mütter、Blume の複数は Blumen

→ ____________________.

- **der Vogel** 名男 鳥
- **jeden Morgen** 毎朝
- **geben** 動 与える
- **die Blume** 名女 花

不定冠詞＋名詞の複数は無冠詞になります。

❶ Die Vögel singen jeden Morgen.
ディー フェーゲル ズィンゲン イェーデン モルゲン

❷ Der Vater schenkt den Söhnen die Bücher.
デア ファーター シェンクト デン ゼーネン ディー ビューヒャー

❸ Die Kinder geben den Müttern Blumen.
ディー キンダー ゲーベン デン ミュッターン ブルーメン

よくでてくる例外的な変化をする名詞のグループを紹介します。
der Student（大学生）の変化を見てみましょう。

単数		複数	
der デア	Student シュトゥデント	die ディー	Studenten シュトゥデンテン
des デス	Studenten シュトゥデンテン	der デア	Studenten シュトゥデンテン
dem デム	Studenten シュトゥデンテン	den デン	Studenten シュトゥデンテン
den デン	Studenten シュトゥデンテン	die ディー	Studenten シュトゥデンテン

この変化の特徴、
気づきましたか？

der Student
名 男 大学生

まず冠詞を見ると、この名詞は男性名詞であることがわかります。

単数１格以外の語尾はすべて -en。

このような名詞のグループは男性弱変化名詞と呼ばれ、辞書では次のように表記されています。

Student 男 -en /-en　大学生

この男性弱変化名詞は、人間の名称や動物の名前に多いです。いくつか例を挙げましょう。

Junge 男 -n / -n　男の子
ユンゲ

Tourist 男 -en / -en　ツーリスト、旅行者
トゥリスト

Affe 男 -n / -n　猿
アッフェ

Löwe 男 -n / -n　ライオン
レーヴェ

033 例文で確認しましょう。

Der Student hilft dem Touristen.
デア　シュトゥデント　ヒルフト　デム　トゥリステン

その大学生は、その旅行者の手助けをする。

（hilft は helfen の3単現の形で目的語は3格になる）

Der Tourist dankt dem Studenten.
デア　トゥリスト　ダンクト　デム　シュトゥデンテン

その旅行者は、その大学生に礼をいう。

- **danken**
  動 ～[3] に礼をいう

まとめに作文しましょう。

その男の子はその大学生を知っている（kennen）。

________________________________.

Der Junge kennt den Studenten.
デア　ユンゲ　ケント　デン　シュトゥデンテン

変化がたくさんでてきました。Lektion 1 の人称変化と Lektion 2 の格変化が、実はほとんどすべての変化の源です。つまり、この後でてくる変化で新たに覚えることは、ほとんどありません。

だから、ここでちょっと一息ついて、今まで学んだ基本的な変化をもう一度チェックしましょう。

代名詞類や形容詞の変化

Lektion 2 の冠詞の変化がちゃんと頭に入っていますか？
新たに覚えるようなことは少ないです。
Lektion 2 の基本的な知識は不可欠です。
自信のないかたは、すぐに冠詞の変化をチェックしましょう。

Lektion 3 冠詞類・形容詞

ここでは、冠詞類と形容詞について学びます。
まずは、冠詞とよく似た変化をする指示代名詞や所有代名詞の変化から説明します。
ドイツ語は変化がやたら多いようにみえますが、基本の変化さえ覚えれば、あとはその応用です。

ドイツ語の特徴である格変化はそれぞれを有機的に関連させて覚えましょう。

034 1 英語の this や these は？

定冠詞とほぼ同じ変化をするグループから見てみましょう。

これらは定冠詞類と呼ばれます。

dieser（この）とか、jener（あの）、solcher（そのような）、あるいは welcher（どの）などが代表的です。

定冠詞と dieser（この）の変化表を比べてみましょう。

	男	女	中	複
1格	dieser (der) ディーザー	diese (die) ディーゼ	dieses (das) ディーゼス	diese (die) ディーゼ
2格	dieses (des) ディーゼス	dieser (der) ディーザー	dieses (des) ディーゼス	dieser (der) ディーザー
3格	diesem (dem) ディーゼム	dieser (der) ディーザー	diesem (dem) ディーゼム	diesen (den) ディーゼン
4格	diesen (den) ディーゼン	diese (die) ディーゼ	dieses (das) ディーゼス	diese (die) ディーゼ

表の（　）は定冠詞、変化を比較してみましょう。

dies- 以下の語尾はほとんど定冠詞と同じです。

定冠詞の変化を覚えている人は、変化が異なる箇所だけ覚えましょう。効率よく学ぶためにも、復習は大事です。

この変化に慣れるために少し練習しましょう。
次の文の下線に、適当な語尾を補ってください。

035

❶ Das ist das Rathaus dies______ Stadt㊛.
ダス イスト ダス ラートハオス シュタット
これがこの町の市庁舎です。

❷ Dies___ Hund㊚ beißt oft jen___ Katze㊛.
フント バイスト オフト カッツェ
この犬はよくあの猫を噛む。

❸ Welch___ Kind㊥ gehört jen___ Katze?
キント ゲヘーアト カッツェ
あの猫はどの子供のものですか？

- **das Rathaus** 名㊥市役所
- **die Stadt** 名㊛町
- **der Hund** 名㊚犬
- **beißen** 噛む
- **oft** しばしば
- **die Katze** 名㊛猫
- **gehören** 動 ～³のものである

❶ 女性の２格だから、er
❷ 前者は男性の１格だから er、後者は女性の４格だから e
❸ 前者は中性の３格だから em、後者は女性の１格だから e

2 英語の my は？

不定冠詞とまったく同じ変化をする不定冠詞類と呼ばれるグループです。このグループには、よく使われるとても大事な所有代名詞があります。冠詞と同じ働きをするので、ドイツ語では所有冠詞と呼ばれます。

さあ、これも定冠詞類と同じ流れです。

不定冠詞と同じ変化であることを、英語の my にあたる mein を例に、表で確認してみましょう。

	男	女	中	複
1格	mein (ein) マイン	meine (eine) マイネ	mein (ein) マイン	meine マイネ
2格	meines (eines) マイネス	meiner (einer) マイナー	meines (eines) マイネス	meiner マイナー
3格	meinem (einem) マイネム	meiner (einer) マイナー	meinem (einem) マイネム	meinen マイネン
4格	meinen (einen) マイネン	meine (eine) マイネ	mein (ein) マイン	meine マイネ

mein と ein を比べたら、ein の前に m がついただけです。

複数の変化は、不定冠詞には複数がないことから、dieser の語尾をつけるだけです。

よく使う所有冠詞には、
dein [ダイン] **（君の）**　　**sein** [ザイン] **（彼の、それの）**
ihr [イーア] **（彼女の、彼らの）**　　**unser** [ウンザー] **（私たちの）**
否定冠詞と呼ばれる英語の no にあたる kein [カイン] **があります。**

次の文の下線部に、適当な語尾を補いましょう。

037

❶ Sein___ Hund 男 beißt oft ihr___ Katze 女 .
フント バイスト オフト カッツェ

彼の犬はよく彼女の猫を噛む。

❷ Der Computer gehört mein___ Bruder 男 .
デア コンピューター ゲヘーアト ブルーダー

このコンピュータは兄のものです。

❸ Er hat kein___ Arbeit 女 und kein___ Geld 中 .
エア ハット アルバイト ウント ゲルト

彼は仕事もお金もない。

• der Computer
名 男 コンピュータ

• die Arbeit
名 女 仕事

• das Geld
名 女 お金

答え合わせをしましょう。

❶前者は男性の１格だから語尾はナシ、
後者は女性の４格だから e
❷は男性の３格だから em
❸前者は女性の４格だから e、
後者は中性の４格だから語尾はナシ

もう一度、冠詞の変化を再確認しよう。

冠詞の変化はいろいろな品詞の変化の基になるものすごく重要な変化なので、しっかり覚えましょう。

3 疑問代名詞

ここで英語の who や what にあたる疑問代名詞を学びましょう。
これらも格変化しますが、変化の仕方に特徴があります。
まず特徴を変化表で確認しましょう。

	人		事物	
1格	wer ヴェーア	誰が	was ヴァス	何が
2格	wessen ヴェッセン	誰の	—	
3格	wem ヴェーム	誰に	—	
4格	wen ヴェーン	誰を	was ヴァス	何を

人に用いる wer は定冠詞（der, des, dem, den）の変化に似ています。

事物に用いる was は 1 格と 4 格しかなく、共に was です。

練習問題で使い方を確認しましょう。

答えとなる文を参考に、下線部に適当な疑問代名詞を書き入れましょう。

039

❶ ＿＿＿＿＿ schreibt er?
シュライプト エア

— Er schreibt einen Brief.
エア シュライプト アイネン ブリーフ

答えの文をよく見て考えるのがポイントです。

❷ ＿＿＿＿＿ schreibt er?
シュライプト エア

— Er schreibt dem Lehrer.
エア シュライプト デム レーラー

❸ ＿＿＿＿＿ ist das? — Das ist ein Kuli.
イスト ダス ダス イスト アイン クーリ

❹ ＿＿＿＿＿ sind Sie? — Ich bin Arzt.
ズィント ズィー イヒ ビン アールツト

- **schreiben** 動 書く
- **der Brief** 名 男 手紙
- **der Lehrer** 名 男 先生
- **der Kuli** 名 男 ボールペン

納得できるまで、
表と例文でチェック！

❶と❷はともに「～彼は書きますか？」という同じ疑問文ですが、①は答えの文の einen Brief から疑問詞は Was となり、②は dem Lehrer から、疑問詞は Wem であることがわかります。
❸は「これはボールペンです」という答えの文から、「これは何ですか？」という疑問文が考えられるので、Was です。
❹は Arzt という答えから、「あなたは何ですか？」という職業を尋ねる疑問文が考えられます。Was となります。

040

4 形容詞にも語尾がつく！

よく似た文法事項を有機的につなげてひとつの体系のなかで覚えていくのがドイツ語の勉強のコツでした。

ここでは、形容詞の変化を見てみましょう。

Eine kleine Nachtmusik
アイネ　クライネ　ナハトムジーク

モーツァルトの有名なこの曲を知っていますか。

この klein（小さい）という形容詞についている e という語尾について見ていきましょう。

形容詞は名詞の前に置かれると、きまった語尾がつきます。

見方を変えて、ドイツ語の論理的なところが理解できれば、変化の理由がわかります。

まず、なぜ形容詞が名詞の前で変化しなければならないのかを考えてみましょう。

冠詞とタイアップして大事な名詞の格、つまり働きを明示するためです。

もし形容詞の前に冠詞がなかったら、形容詞に冠詞と同じような語尾がつくようになっています。

形容詞が冠詞と同じような活発な語尾変化をするので、この「形容詞＋名詞」の組み合わせを、**形容詞の強変化**と呼びます。

次から、この変化について詳しく学びましょう。

● **klein**
形 小さい

4-1 形容詞の強変化

「赤い（rot）ワイン（Wein 男性）」は、次のように変化します。

赤いワイン

1格	roter Wein ローター ヴァイン
2格	roten Weins ローテン ヴァインス
3格	rotem Wein ローテム ヴァイン
4格	roten Wein ローテン ヴァイン

しっかりと覚えておきましょう。

赤い（rot）という形容詞に定冠詞類の語尾がついています。

2格で語尾がenとなっているのは、Weinという名詞にsがついていて2格であることがわかるからです。

形容詞は働きが必要でなくなると、enという語尾がつきます。

女性と中性の例を見てみましょう。

「新鮮な（frisch）ミルク（Milch㊛）」と、「冷たい（kalt）ビール（Bier㊥）」は次のように変化します。

複数の例もあげておきます。

	新鮮なミルク	冷たいビール	新しい家々
	女性	中性	複数
1格	frische Milch フリッシェ ミルヒ	kaltes Bier カルテス ビーア	neue Häuser ノイエ ホイザー
2格	frischer Milch フリッシャー ミルヒ	kalten Bieres カルテン ビーレス	neuer Häuser ノイアー ホイザー
3格	frischer Milch フリッシャー ミルヒ	kaltem Bier カルテム ビーア	neuen Häusern ノイエン ホイザーン
4格	frische Milch フリッシェ ミルヒ	kaltes Bier カルテス ビーア	neue Häuser ノイエ ホイザー

- **rot**
  形 赤い

- **frisch**
  形 新鮮な
- **die Milch**
  名 女 ミルク
- **kalt**
  形 冷たい
- **neu**
  形 新しい
- **das Haus**
  名 中 家

作文で形容詞の強変化を確認しましょう。

次の日本語をドイツ語にしましょう。

041

❶ 私は赤いワインと冷たいコーラ（Cola 女）を飲む。

______ ______ __________ und __________.
（私は）（飲む）（赤いワイン）（冷たいコーラ）

❷ 父は白い（weiß）ワインを飲み（trinken）、新鮮な魚（Fische 複）を食べる（essen）。

________ __________ ____________ und
（父は）（飲む）（白いワイン）

____________ __________________ .
（食べる）（新鮮な魚）

- **die Cola**
  名 女 コーラ
- **weiß**
  形 白い
- **der Fisch**
  名 男 魚
- **essen**
  名 男 食べる

❶ Ich trinke roten Wein und kalte Cola.
イヒ　トリンケ　ローテン　ヴァイン ウント　カルテ　コーラ

❷ Der Vater trinkt weißen Wein und isst frische Fische.
デア　ファーター トリンクト ヴァイセン　ヴァイン　ウント　イスト　フリッシェ　フィッシェ

4-2 形容詞の弱変化

ここでは強変化と対照的な「定冠詞類＋形容詞＋名詞」の弱変化を見てみましょう。

一覧表から、この変化の特徴を考えてみましょう。

	白いスカート（男）			白いブラウス（女）		
1格	der デア	weiße ヴァイセ	Rock ロック	die ディー	weiße ヴァイセ	Bluse ブルーゼ
2格	des デス	weißen ヴァイセン	Rocks ロックス	der デア	weißen ヴァイセン	Bluse ブルーゼ
3格	dem デム	weißen ヴァイセン	Rock ロック	der デア	weißen ヴァイセン	Bluse ブルーゼ
4格	den デン	weißen ヴァイセン	Rock ロック	die ディー	weiße ヴァイセ	Bluse ブルー

- der Rock 名男 スカート
- die Bluse 名女 ブラウス

	白いシャツ（中）			白いスーツ（複）		
1格	das ダス	weiße ヴァイセ	Hemd ヘムト	die ディー	weißen ヴァイセン	Anzüge アンテューゲ
2格	des デス	weißen ヴァイセン	Hemdes ヘムデス	der デア	weißen ヴァイセン	Anzüge アンテューゲ
3格	dem デム	weißen ヴァイセン	Hemd ヘムト	den デン	weißen ヴァイセン	Anzügen アンテューゲン
4格	das ダス	weiße ヴァイセ	Hemd ヘムト	die ディー	weißen ヴァイセン	Anzüge アンテューゲ

- das Hemd 名中 シャツ
- der Anzug 名男 スーツ

弱変化では形容詞の前に置かれた定冠詞類によって名詞の働き、つまり格がはっきりと表されるので、形容詞は５つの箇所を除いてすべて en という弱い語尾をとります。

５つの箇所とは、

男性の１格、そして女性と中性の１格と４格。

これはつぎの混合変化にもあてはまるので、しっかりとおさえましょう。

この５箇所のみ語尾が e になります。

次の文の下線に、適当な語尾を補ってください。

043

❶ Sie kauft den weiß__ Rock und die weiß__ Bluse.
ズィー カオフト デン ロック ウント ディー ブルーゼ

彼女はその白いスカートと白いブラウスを買う。

❷ Der arm__ Freund ㊚ dieses reich__ Mannes ㊚ hat
デア フロイント ディーゼス マンネス ハット

jetzt keine Arbeit.
イェッツト カイネ アルバイト

この金持ちの男の貧しい友人は、いま職がない。

- **kaufen** 動 買う
- **arm** 形 貧しい
- **der Freund** 名 ㊚ 友人
- **reich** 形 金持ちの
- **der Mann** 名 ㊚ 男性、夫
- **jetzt** 副 いま

変化表の確認だけでは本当に理解したことにはなりません。

❶スカートは男性名詞なので、最初は男性４格の語尾 en が、またブラウスは女性名詞なので、次は女性４格の語尾 e が入ります。

❷最初は男性１格の語尾 e が、２番目には男性２格の語尾 en が入ります。

044

4-3 形容詞の混合変化

「不定冠詞類＋形容詞＋名詞」の場合で、強弱双方の変化の特徴を持っているので、混合変化と呼ばれます。

変化表で確認しましょう。

	私の白いスカート（男）			私の白いブラウス（女）		
1格	mein マイン	weißer ヴァイサー	Rock ロック	meine マイネ	weiße ヴァイセ	Bluse ブルーゼ
2格	meines マイネス	weißen ヴァイセン	Rocks ロックス	meiner マイナー	weißen ヴァイセン	Bluse ブルーゼ
3格	meinem マイネム	weißen ヴァイセン	Rock ロック	meiner マイナー	weißen ヴァイセン	Bluse ブルーゼ
4格	meinen マイネン	weißen ヴァイセン	Rock ロック	meine マイネ	weiße ヴァイセ	Bluse ブルーゼ

	私の白いシャツ（中）			私の白いスーツ（複）		
1格	mein マイン	weißes ヴァイセス	Hemd ヘムト	meine マイネ	weißen ヴァイセン	Anzüge アンテューゲ
2格	meines マイネス	weißen ヴァイセン	Hemdes ヘムデス	meiner マイナー	weißen ヴァイセン	Anzüge アンテューゲ
3格	meinem マイネム	weißen ヴァイセン	Hemd ヘムト	meinen マイネン	weißen ヴァイセン	Anzügen アンテューゲン
4格	mein マイン	weißes ヴァイセス	Hemd ヘムト	meine マイネ	weißen ヴァイセン	Anzüge アンテューゲ

弱変化と混合変化のポイント

「弱変化では、5箇所を除いて形容詞にはすべて en という語尾がつく」

5箇所のうち、混合変化では男性の1格と中性の1格と4格で、強変化の語尾がつきます。

その理由は、「冠詞類に語尾がないから」です。

つまり、形容詞が冠詞と同じ語尾をとることで、冠詞類に語尾がないことをカバーしています。

次の文の下線に適当な語尾を補ってください。

045

❶ Ihr rot__ Rock und ihre rot__ Bluse gefallen ihr sehr gut.
イーア　ロック　ウント　イーレ　ブルーゼ　ゲファレン　イーア　ゼーア　グート

彼女は彼女の赤いスカートと赤いブラウスがとても気に入っている。

❷ Ein alt___ Schauspieler wohnt in meiner alt___ Stadt 女.
アイン　シャオシュピーラー　ヴォーント　イン　マイナー　シュタット

ひとりの年老いた俳優が私の古い町に住んでいる。

- **gefallen** 動 ～3の気に入る
- **sehr** 副 とても
- **der Schauspieler** 名 男 俳優
- **alt** 形 古い
- **wohnen** 動 住む

❶スカートが男性名詞で1格なので、最初の rot には er がつき、Bluse は女性名詞でこれも1格なので、rot の語尾は e となる。

❷男性の1格は要注意。答は alter と alten。

in は前置詞で、意味は英語の in と同じです。

ただ、ドイツ語の前置詞は決まった格と結びつくので、町が3格になっています。

詳しくは次の課で！

4-4 名詞に変身できる形容詞

新しい規則ではありませんが、形容詞は頭文字を大文字で書いて、形容詞の前にある冠詞類に応じて格語尾をつければ、名詞として使うことができます。

病院が舞台になるテレビドラマで「クランケ」という言葉を聞いたことはありませんか。あれはドイツ語の krank（病気の）という形容詞が名詞になったものです。

その作り方を説明しましょう。

krank（クランク） → Krank → der Kranke（デア クランケ） その男の病人

ein Kranker（アイン クランカー） ひとりの男の病人

die Kranke（ディー クランケ） その女の病人

eine Kranke（アイネ クランケ） ひとりの女の病人

理解できましたか？

● **krank**
形 病気の

形容詞の次に Mann 男とか Frau 女という名詞が省略されていると考えるとわかりやすくなります。

der kranke Mann = der Kranke

ein kranker Mann = ein Kranker

あるいは

die kranke Frau = die Kranke

この形はよく出てくるので、例文で確認しましょう。

047

Die Krank____ dankt dem Krank____ .

ディー　ダンクト　デム

その女の病人はその男の病人に感謝する。

ともに弱変化で、最初は女性の 1 格だから語尾は e、2 番目は男性の 3 格だから語尾は en になります。

もう一題やっておきましょう。

Ein Reich____ hilft der Arm____.

アイン　ヒルフト　デア

ひとりの金持ちの男がその貧しい女を助ける。

ひとりの金持ちの男は混合変化の男性 1 格だから語尾は er、その貧しい女は弱変化の女性 3 格だから語尾は en となります。

英語の something や nothing にあたる etwas や nichts と組み合わせたものがよく使われます。

etwas Gutes [エトヴァス　グーテス]（何かよいこと）

nichts Gutes [ニヒツ　グーテス]（何もよいことはない）

- **etwas** 代 何か
- **nichts** 代 何もない

これは、中性で、語尾はいつも es です。

次の例文のアンダーラインに適当な語尾を補ってみましょう。

Steht etwas Neu__ in der Zeitung?

シュテート　エトヴァス　イン　デア　ツァイトゥング

何か新しいことが新聞に載っていますか？

– Nein, nichts Neu__.

ナイン　ニヒツ

いいえ、何も載っていません。

- **stehen** 動 ～に載っている
- **die Zeitung** 名 女 新聞

答えはどちらも es。

048 5 形容詞の比較変化

最後に形容詞の比較変化も学んでおきましょう。
比較級や最上級の作り方も英語とよく似ています。

まず比較級は原級に -er を、そして最上級は -st をつけて作ります。ただ英語と違うところは、1音節の短い形容詞には a と o と u で変音する（ウムラウトがつく）ものが多いこと。

主なものについて、変化表で確認しましょう。

原級		比較級	最上級
klein クライン	小さい	kleiner クライナー	kleinst クラインスト
lang ラング	長い	länger レンガー	längst レングスト
gut グート	よい	besser ベッサー	best ベスト
groß グロース	大きい	größer グレーサー	größt グレースト
hoch ホーホ	高い	höher ヘーアー	höchst ヘーヒスト
viel フィール	多い	mehr メアー	meist マイスト
gern ゲルン	副 好んで	lieber リーバー	am liebsten アム　リープステン

- **lang**
  形 長い
- **groß**
  形 大きい
- **hoch**
  形 高い
- **viel**
  形 多い
- **gern**
  副 好んで

比較級と最上級の作り方を練習してみましょう。

049

schön　美しい　＿＿＿＿＿＿＿　＿＿＿＿＿＿＿

シェーン

alt　古い　＿＿＿＿＿＿＿　＿＿＿＿＿＿＿

アルト

- **schön**
  形 美しい

schön は規則通りに　schöner、schönst で OK。しかし alt は、比較級はウムラウトがついて älter、そして最上級は発音しやすいように、語尾が est になって ältest となります。

比較の用法は次のようになります。

Berlin ist größer als München.
ベルリーン イスト グレサー アルス ミュンヘン
ベルリンはミュンヘンより大きい。

ポイントは英語の「比較級＋ than」がドイツ語では「比較級＋ als」になるところ。

Berlin ist die größte Stadt in Deutschland.
ベルリーン イスト ディー グレーステ シュタット イン ドイチュラント
ベルリンはドイツ最大の都市だ。

ポイントは「定冠詞＋最上級＋形容詞の格語尾 e」となっているところ。

Berlin ist im Frühling am schönsten.
ベルリーン イスト イム フリューリング アム シェーンステン
ベルリンは春が一番美しい。

- **der Frühling**
  名男 春

ポイントは「am ＋最上級＋形容詞の格語尾 en」となっているところ。

最上級には２つの形があります。最後の例のように「同一物における性質が一定の条件の下で最高である」ことを表すときは、必ずこの形を使います。

4

テーマは前置詞！

ドイツ語では、「名詞句」といういくつかの名詞がつながった構造が多くあります。
前置詞はこの名詞と名詞をつなぐとても大事なもの。

そして、ここでも、格変化の知識が大事になってきます。

der, des, dem, den ...
der, des, dem, den ...

復習しておきましょう。

Lektion 4 人称代名詞・前置詞

まずは人称代名詞から学びましょう。

051 1 人称代名詞にも格がある

主語として使う1格は、Lektion 1 で動詞の現在人称変化を勉強したときに覚えた du や er などです。3格（間接目的格）と4格（直接目的格）もよく使うので、しっかり覚えましょう。

1格も入れた表で人称代名詞を確認しましょう。

2格はほとんど使わないから省略！

		1人称	2人称親称	3人称			2人称敬称
単数	1格	ich	du	er	sie	es	Sie
	3格	mir	dir	ihm	ihr	ihm	Ihnen
	4格	mich	dich	ihn	sie	es	Sie
複数	1格	wir	ihr		sie		Sie
	3格	uns	euch		ihnen		Ihnen
	4格	uns	euch		sie		Sie

発音にも注意！
mich [ミヒ]、**dich** [ディヒ]、**euch** [オイヒ]
ch の発音を思い出しましょう。

人称代名詞の練習は、絶対に覚えておきたいこの文で。
Ich liebe dich.
Ich liebe dich. は、英語でいう I love you.

文法上の性に忠実に使われることに注意してください。

男性名詞は er、女性名詞は sie、中性名詞は es、そして複数名詞は sie で受けます。

Ich habe einen Wagen. Er ist aber alt.
私は車をもっています。でもそれは古いです。

der Wagen
名男車

英語だったら It is となるところが、ドイツ語では Wagen が男性名詞だから、he にあたる er を使います。

次の名詞をすべて代名詞に変えてみましょう。

052

1 Renate schenkt der Mutter eine Handtasche.
レナーテは母にハンドバッグをプレゼントする。

→ ______________________________.

まず Renate は女性の名前だから Sie、der Mutter は 3 格だから ihr、そして、eine Handtasche は女性の 4 格だから sie。

Sie schenkt ihr sie. となるはずですが、ここで一つ語順の規則！

4 格は 3 格より前に置く。

Sie schenkt sie ihr.

語順に注意して、もう一題やってみましょう。

❷ Der Lehrer gibt Peter ein Wörterbuch.
先生はペーターに辞書を与える。

→ ________________________________.

• **das Wörterbuch** 名中 辞書

Peter の格がむずかしかったかもしれないですね。
男性の 3 格だから ihm で、

Er gibt es ihm.

053 2 前置詞は決まった格の名詞と結びつく

名詞の前にくるから前置詞と呼ばれます。

名詞が冠詞を持っていて、しかもその冠詞には4つの格があるので、結果的に前置詞が（主語の前にくることはないので、1格は別にして）2格か3格か4格かの、どれかの格と結びつくことになります。これが前置詞の格支配です。

まず、2格支配から見ていきましょう。

2-1 2格支配

2格支配の前置詞 statt（…の代わりに）を使うと、たとえば「父の代わりに」は

statt des Vaters

となります。

trotz（…にもかかわらず）を使って、「寒さ（Kälte）にもかかわらず」はどうなるか考えてみましょう。

trotz der Kälte

● **die Kälte**
名女 寒さ

あと2格支配で覚えておきたいのは、次の2つです。

während	…の間
wegen	…ゆえに

下線部に名詞を格変化させて入れてみましょう。

❶ 夏休みの間、私はアルバイトをします。

→ Während ________ __________ (die Sommerferien) arbeite ich.

❷ 風邪のために彼は働きません。

→ Wegen ________ __________ (die Erkältung) arbeitet er nicht.

- **die Sommerferien** 名 複 夏休み
- **die Erkältung** 名 女 風邪

❶ は夏休み（複数）の 2 格なので der Sommerferien
❷ は風邪（女性）の 2 格なので der Erkältung

054 2-2 3格支配

次は、3格支配。主な前置詞をあげます。

aus	…（の中）から	bei	…のもとで、…の際に	mit	…と共に、…でもって
nach	…へ、…の後で	von	…から、…の	zu	…へ

具体的に見てみましょう。

父と共に　　mit dem Vater

「食事（Essen）の後で」は、Essen は中性名詞だから、その 3 格は dem Essen。

nach dem Essen

- **das Essen** 名 中 食事

下線部に名詞を格変化させて入れてみましょう。

055

① 子供たちが彼女の部屋から出てきます。

→ Die Kinder kommen aus ________ __________ (ihr Zimmer).

② 彼女は私たちの家に同居しています。

→ Sie wohnt bei __________ (wir).

①は ihr Zimmer（中性）の 3 格なので ihrem Zimmer
②は wir の 3 格で uns

056 2-3　4 格支配

4 格支配の前置詞は、次のようなものがあります。

durch …を通って	für …のために	gegen …に対して
ohne …なしに	um …のまわりに	

下線部に名詞を格変化させて入れてみましょう。

057

① 私は父のためにネクタイを買います。

→ Ich kaufe für ________ ________ (der Vater) eine Krawatte.

② 町を通って私たちはドライブします。

→ Durch ______ ________ (die Stadt) machen wir eine Spazierfahrt.

- **die Krawatte** 名女 ネクタイ
- **machen** 動 ～する
- **die Spazierfahrt** 名女 ドライブ

①は der Vater の 4 格で den Vater、そして、
②は die Stadt の 4 格で die Stadt。

1格支配はありませんが、もうひとつ3・4格支配というのがあります。

2-4　3・4格支配

このグループは次の9個。
使用頻度が最も高いので、確実に覚えましょう。

an	…のきわに / へ
auf	…の上に / へ
hinter	…の後ろに / へ
in	…の中に / へ
neben	…の横に / へ
über	…の上方に / へ
unter	…の下に / へ
vor	…の前に / へ
zwischen	…の間に / へ

前置詞を理解するコツは、この3・4格支配を理解することです。

あるときは3格と結びつき、またあるときは4格と結びつくという前置詞です。どういうルールがあるか見てみましょう。

場所を示すときは3格、方向を示すときは4格支配。

「学生食堂（Mensa）で」は、場所を示しているから
in der Mensa
たとえば「私は学生食堂で食べる」
Ich esse in der Mensa.
「学生食堂へ」は、方向を示しているから
in die Mensa
たとえば「私は学生食堂へ行く」
Ich gehe in die Mensa.

• **die Mensa**
名 女 学生食堂

次の日本語をドイツ語にしてみましょう。

059

❶ パソコン(PC 男)はテーブル(Tisch 男)の上に(auf)あります(stehen)。

→ ________________________________.

❷ 彼はそれをテーブルの横に（neben）置きます（stellen）。

→ ________________________________.

❸ 彼はスイス（Schweiz 女）に住んでいます（wohnen）。

→ ________________________________.

❹ 彼はスイスへ（in）行きます（fahren）。

→ ________________________________.

- **der PC** 名 男 パソコン
- **der Tisch** 名 男 テーブル
- **stehen** 動 ～にある
- **stellen** 動 ～に置く
- **die Schweiz** 名 女 スイス

❶ Der PC steht auf dem Tisch.
❷ Er stellt ihn neben den Tisch.
❸ Er wohnt in der Schweiz.
❹ Er fährt in die Schweiz.

国名や地名はほとんど中性で、無冠詞で用いるが男性、女性、複数の場合は冠詞をつける。

der Irak (男 イラク)、die USA (複 アメリカ合衆国)

- **der Irak** 名 男 イラク
- **die USA** 名 複 アメリカ合衆国

今日はもうこれで、

Feierabend［ファイアーアーベント］（仕事じまい）！

can や must といった 助動詞と未来形

助動詞も動詞と同じように変化するから、ここではまず、Lektion 1 で学んだ動詞の人称変化の知識が必要です。

助動詞構文はドイツ語に特徴的なおもしろい構造を作ります。

Lektion 5

話法の助動詞・未来

I can は ich kann、I must は ich muss。
英語とドイツ語、それぞれを比べましょう。

1 英語の can や must にあたる話法の助動詞

可能性や推量、あるいは義務といった話法上の微妙なニュアンスを与える助動詞をドイツ語では「話法の助動詞」と呼びます。ドイツ人はこの話法の助動詞を実によく使います。英語と違って不定詞や過去、さらに過去分詞まであって、ふつうの動詞とまったく同じように使えます。

とても大事な話法の助動詞、
しっかり身につけましょう。

060

1-1 話法の助動詞の現在人称変化

話法の助動詞は6つあります。一覧表で変化の特徴を見てみましょう。

ドイツ語の変化にはいつも規則性があるので、ポイントをしっかり押さえましょう。

	dürfen …してよい	können …できる	mögen …かもしれない	müssen …しなければならない	sollen …するべきである	wollen …するつもりである
ich	darf	kann	mag	muss	soll	will
du	darfst	kannst	magst	musst	sollst	willst
er	darf	kann	mag	muss	soll	will
wir	dürfen	können	mögen	müssen	sollen	wollen
ihr	dürft	könnt	mögt	müsst	sollt	wollt
sie	dürfen	können	mögen	müssen	sollen	wollen
Sie	dürfen	können	mögen	müssen	sollen	wollen

ポイントさえ押さえれば、すぐに理解できます。

基になっているのは、Lektion 1 ですでに学んだ動詞の変化です。

複数形は動詞の変化とまったく同じ。

単数形が不規則で、sollen 以外は幹母音が変わりますが、ich と er が同じ形になります。

du には、ich の人称変化に、st をつけます。

変化の特徴がわかるように、Sie（あなた、あなた方）は表の一番最後になっています。

不定詞と ich の形を覚えること。

können ich kann, müssen ich muss …

1-2 話法の助動詞はワク構造を作る

ワク構造は、ドイツ語の代表的で特徴的な構造です。これが使えるようになると、ドイツ語がよくわかるようになります。

このあとに出てくる「未来」や「完了」といった助動詞を用いる構造はすべてこのワク構造です。

まずは例文をひとつ見てみましょう。

彼は上手にドイツ語が話せる。

英語だったら He can の後に動詞の原形 speak がきますが、ドイツ語では動詞は sprechen と不定詞になって、文のいちばん後ろに置かれます。

本来の動詞の位置に置かれた話法の助動詞の kann と、文末に置かれた不定詞が他の成分を枠（ワク）のように囲んでいるので、このような名前がつけられました。

大事なものが2番目と文末に置かれて、しっかりと枠を作っています。

ドイツ語は大事なもの、つまり、動詞との結びつきが強いものほど文の一番後ろに来るということをしっかりと覚えておきましょう。

ふつうの文を話法の助動詞を使って言い換えてみましょう。

062

① Er arbeitet viel. müssen

彼はたくさん働く。

→ Er ______

彼はたくさん働かねばならない。

② Sie besucht ihn morgen. wollen

彼女は彼を明日訪ねます。

→ ______

彼女は彼を明日訪ねるつもりです。

③ Du sprichst gut Englisch. können

君は英語を上手に話す。

→ ______

君は英語を上手に話すことができる。

- **besuchen**
  動 訪問する
- **morgen**
  副 明日

① Er muss viel arbeiten.
② Sie will ihn morgen besuchen.
③ Du kannst gut Englisch sprechen.

1-3 「…したい」の möchte

mögen には möchte という別の形があって、とてもよく使われます。

まず、変化を確認しましょう。

möchte …したい

ich	möchte	wir	möchten
du	möchtest	ihr	möchtet
er	möchte	sie	möchten

Sie möchten

この möchte を使わないでドイツで生活することはできないといっても過言ではないくらい。

例文を見てみましょう。

ワク構造にも注目。

Was möchten Sie essen?
あなたは何が食べたいですか?

— Ich möchte Spaghetti essen.
私はスパゲッティが食べたいです。

● **Spaghetti** 名複 スパゲッティ

Was möchtest du trinken?
君は何が飲みたいですか?

— Ich möchte Orangensaft trinken.
私はオレンジジュースが飲みたいです。

● **der Orangensaft** 名男 オレンジジュース

2 未来の表し方

064 未来形もワク構造を作る

未来形は、助動詞 werden を用いて、動詞の不定詞を文末に置きます。

ふつうの文を未来形に変えて、ワク構造を確認してみましょう。

Er arbeitet jetzt in der Bibliothek.
彼は今図書館で働いています。

Er **wird** jetzt in der Bibliothek **arbeiten**.

未来の助動詞 第２位 — 枠構造 — 本動詞の不定詞 文末

彼は今図書館で働いているのでしょう。

練習してみましょう。

065

Sie kommt am Sonntag zu uns.
彼女は日曜日に私たちのところに来ます。

❶ 彼女は日曜日に私たちのところに来るでしょう。

→ ______________________________

• der Sonntag 名 男 日曜日

Ich kaufe das Auto.
私はその車を買います。

❷ 私はその車を買うつもりです。

→ ______________________________

名前は「未来」ですが、１人称を主語にした場合は「意志」が強調されます。

❶ Sie wird am Sonntag zu uns kommen.
❷ Ich werde das Auto kaufen.

ドイツ語を理解するひとつのポイントは、文の２番目と文末にいつも注目すること。

そして、動詞を見たら不定詞を、また、名詞を見たら格をイメージする習慣をつけていくと、きっと上達します。

分離動詞・副文・zu 不定詞

ちょっと変わった動詞や不定詞句、そして従属文について学びます。
新たに覚えるような変化はないので、安心してください。

英語もそうだったように、it ... to 不定詞や it ... that 文のような構造が作れると、表現の幅がグンと広がります。

Lektion 6

分離動詞・副文・zu 不定詞

1 分離動詞

1-1 動詞が分離する？

動詞は動詞でも、離れたり、くっついたりする、ちょっと変わった動詞を紹介します。

新しい変化とかではないから、心配ご無用。

英語の get up にあたる aufstehen という動詞を使ったドイツ語を見てみましょう。

Ich **stehe** um 6 Uhr **auf**. 私は6時に起きる。

auf と stehen に分離して、stehen が 2 番目に、auf は文末に置かれます。

stehen は、主語が ich なので、stehe となります。

- **aufstehen** 動 起きる
- **die Uhr** 名女 …時

このような動詞を**分離動詞**といい、auf のように、分離して文末に置かれるものを**分離の前つづり**と呼びます。

この分離動詞の構造もドイツ語に特徴的な**ワク構造**の一種です。

Lektion 5 の話法の助動詞や未来形の構造で動詞が文末に置かれたのと似ています。

ドイツ語は大事なものがいつも文末にきます。

umsteigen（乗り換える）を例に説明してみましょう。

例 úm|steigen

辞書では分離する位置に線が入っています。
分離の前つづりが必ずアクセントを持ちます。

Ich steige in Berlin um. 私はベルリンで乗り換える。

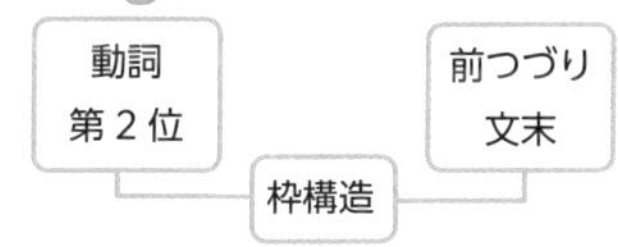

- **umsteigen**
  動 乗り換える

練習してみましょう。

分離動詞を正しく分離させ、人称変化させましょう。

067

❶ Ich _________ ihn _________. anrufen
私は彼に電話する。

❷ Wann _________ du morgen _________. aufstehen
君は明日いつ起きますか？

❸ Wir _________ den Lehrer zur Fete _________.
私たちは先生をコンパに招く。 einladen

- **anrufen**
  動 電話する
- **die Fete**
  名 女 パーティー
- **einladen**
  動 招待する

❶ Ich rufe ihn an.
❷ Wann stehst du morgen auf?
❸ Wir laden den Lehrer zur Fete ein.

❸ の **zur** は **zu** と **der** が融合したもの。

068 1-2 分離しない前つづりもある

動詞の前に前つづりがついているにもかかわらず、分離しないものもあります。

これらは**非分離の前つづり**と呼ばれてよく使われるから、まとめておきましょう。次の７つ！

非分離の前つづり

be-	ge-
emp-	ver-
ent-	zer-
er-	

これらは前つづりに**アクセントがない**のが特徴です。分離しないので、ふつうの動詞と同じように使います。

ひとつ非分離動詞の例をあげてみましょう。

例　besúchen（訪問する）

非分離の前つづりには、アクセントがありません。

Morgen **besuche** ich meinen alten Freund.
明日私は旧友を訪ねる。

besuchen
動 訪問する

英語の understand にあたる verstehen で練習してみましょう。

Er ＿＿＿＿＿＿ mich gar nicht.
彼はぼくのことをまったくわかってくれない。

verstehen
動 理解する

ふつうの動詞と同じように、動詞部分を人称変化させます。
Er **versteht** mich gar nicht.

2 副文

070 接続詞によっては動詞が文末にくる！

ドイツ語では動詞は2番目にくるのが大原則ですが、文末にくることもあります。これは従属の接続詞が使われた場合で、たとえば次のようになります。

主文 / 副文

Ich weiß, dass er heute nicht kommt.

定動詞

彼が今日来ないことを私は知っている。

上の文でdassというのが英語のthatにあたる従属の接続詞です。このようなドイツ語独特の語順を定動詞後置といいます。

そして、定動詞が文末にくる文を副文と呼びます。

かなり違和感を覚えるかもしれませんが、動詞が文末にくるのは日本語も同じです。実はヨーロッパの言語も、昔は動詞が文末に置かれていたといわれています。その点から考えても、ドイツ語がすごく保守的な言語ということがわかるでしょう。

よく使われる従属の接続詞を次にあげます。

主な従属の接続詞

als	…したとき
dass	…ということ
ob	…かどうか
weil	…だから
wenn	…ならば

ふつう副文は主文といっしょに使われますが、語順に注意が必要です。

次の例で確認してみましょう。

ⓐ Sie kommt heute nicht.　彼女は今日来ない。

ⓑ Sie ist krank.　彼女は病気だ。

この 2 つの文を weil を使って「彼女は病気なので、今日来ない。」という 1 文で表してみましょう。
まず、ⓐの文が主文になるから先に書いて、次にⓑの文を従属の接続詞の weil で導くと、次のようになります。

Sie kommt heute nicht, weil sie krank ist.

次の 2 つの文を wenn（…ならば）を使って、1 文にしましょう。

ⓐ Du wirst krank. 君は病気になる。

ⓑ Du rauchst immer so viel. 君はいつもあまりにたくさんたばこを吸う。

まず主文であるⓐ、その後に wenn を使ってⓑを導きます。

Du wirst krank, **wenn** du immer so viel **rauchst**.
いつもあまりにたくさんたばこを吸うと病気になる。

- **rauchen** 動 たばこを吸う
- **immer** 副 いつも

主文と副文の順番

必ずしも主文が先にこなくてもかまわないので、副文ⓑを先に書いて、主文ⓐを後にすることもできます。

副文 / 主文

Wenn du immer so viel **rauchst**, **wirst** du krank.

定動詞

大事な規則なので、
しっかり覚えよう。

後にきた主文の語順に注意してください。
副文が主文に先行したとき、後に続く主文は倒置になります。

3 zu 不定詞

071 3-1 zu 不定詞を使うと表現の幅がグンと広がる！

英語と同じようにドイツ語にも zu 不定詞があります。
まず、作り方から見てみましょう。

不定詞	gehen	行く
zu 不定詞	zu gehen	行くこと
分離動詞の zu 不定詞	auszugehen 分離動詞では zu を前つづりと基礎動詞の間に入れる	外出すること
zu 不定詞句	ins Kino zu gehen zu 不定詞は句の最後に置く	映画に行くこと

使い方もほとんど同じ。

zu 不定詞（句）は主語、目的語、付加語などとして使われます。例文で確認しましょう。

主語：Deutsch zu lernen ist nicht so schwer.
ドイツ語を学ぶことはそれほど難しくはない。

この場合、英語と同じように it にあたる es を仮の主語として用いて、次のように表現することもできます。
Es ist nicht so schwer, Deutsch zu lernen.

目的語：Er verspricht ihr, zur Party mitzugehen.
彼は彼女にパーティーに一緒に行くことを約束する。

付加語：Ich habe keine Lust, mit ihm ins Kino zu gehen.
私は彼と映画に行く気はない。

- **gehen** 動 行く、歩く
- **ausgehen** 動 外出する
- **das Kino** 名 中 映画館
- **schwer** 形 難しい
- **versprechen** 動 約束する
- **die Party** 名 女 パーティー
- **mitgehen** 動 一緒に行く
- **die Lust** 名 女 気持ち

日本語をドイツ語にしてみましょう。

ドイツ (Deutschland) へ (nach) 行く (fahren) のが彼女の夢 (Traum) だ。

- **das Deutschland**
  名中ドイツ
- **der Traum**
  名男夢

Nach Deutschland zu fahren ist ihr Traum.
Es ist ihr Traum, nach Deutschland zu fahren.

3-2 重要な zu 不定詞句

ここでとてもよく使われる zu 不定詞句を覚えましょう。

1 um ... zu 不定詞 …するために
2 ohne ... zu 不定詞 …することなしに
3 statt ... zu 不定詞 …するかわりに、…するどころか

例文で確認しましょう。

Er spart Geld, um ein neues Auto zu kaufen.
彼は新車を買うために貯金をしている。

これらの zu 不定詞句は大事です。練習をしてしっかり身につけましょう。

um ... zu 不定詞を使って、2つの文をつないでみましょう。

ⓐ Er fährt nach Deutschland. 彼はドイツに行く。

ⓑ Er studiert Musik. 彼は音楽を専攻する。

→彼は音楽を専攻するために、ドイツに行く。

考え方は、副文の場合と同じです。
まず主文ⓐを書いてその後にⓑをもってくる。
ⓑを zu 不定詞句にするためには主語の er を省いて、動詞を zu ＋不定詞に変える。

- **sparen** 動 貯金する
- **die Musik** 名 女 音楽
- **studieren** 動 専攻する

したがって

Er fährt nach Deutschland, **um Musik zu studieren**.

同じ要領で、今度は ohne ... zu 不定詞の練習をしよう。

ⓐ Sie geht an mir vorbei.　彼女は私のそばを通り過ぎる。

ⓑ Sie grüßt mich nicht.　彼女は私に挨拶をしない。

→❶彼女は私に挨拶することなしに、私のそばを通り過ぎる。

- **vorbei**
  副 通り過ぎて
- **grüßen**
  動 挨拶する

ⓑを mich zu grüßen に変えられましたか？

ohne に「…なしに」という意味があるので、nicht は省略されます。

最後に、statt ... zu 不定詞の例。

074

ⓐ Du gehst ins Kino. 君は映画に行く。

ⓑ Du arbeitest nicht. 君は仕事をしない。

→❷君は仕事もしないで、映画に行く。

この場合も否定の nicht は省かれます。

❶ Sie geht an mir vorbei, ohne mich zu grüßen.
❷ Du gehst ins Kino, statt zu arbeiten.

7

動詞の３基本形・過去・現在完了

今まで学んできた時制は現在と未来です。
ここで、過去と完了を学びます。

これで、すべての時制をマスターすることになります。
さまざまな表現が可能になってきたので、表現の幅が広がります。
あとは自信を持って実際に使ってみましょう。

新たに覚えることは、多くはないので、復習しながら進めていきましょう。

Lektion 7

動詞の３基本形・過去・現在完了

これまでに現在時制と未来時制を学んできました。ここで過去と完了の作り方を学び、時制の幅が広がります。

075 1 ３基本形とは？

不定詞と過去形、そして過去分詞はあらゆる変化の基本となるから３基本形と呼ばれます。ただ、過去形は人称に応じて語尾変化することから、正しくは過去基本形と呼ばれます。

ほとんどの動詞の３基本形は、次のように規則的に作ります。lernen（学ぶ）を例にとって、３基本形を作ってみましょう。

まず過去基本形は
語幹の lern に te をつけて lernte

そして過去分詞は
ge を語幹の前につけて、語幹の後ろに t をつけて gelernt
となります。

現在人称変化の場合も、動詞が変化するときは、いつも語幹が基礎になっていました。

くりかえし出てきている
大事なポイント！

次の下線部に適当な形を入れましょう。

076

	不定詞	過去基本形	過去分詞
❶	wohnen	________	________
❷	________	arbeitete	________
❸	________	________	besucht

❶は wohnte と gewohnt、❷は arbeiten と gearbeitet、そして❸は besuchen と besuchte です。
❷の過去基本形と過去分詞は、現在人称変化の場合と同じように、発音しやすいように e を入れます。

❸のようにアクセントのない非分離の前つづりのある動詞は、過去分詞で ge をつけません。

この、過去分詞に ge をつけないタイプはもうひとつあります。

studieren のように ieren で終わる動詞のグループで、過去分詞は studiert。

このタイプはよく使われる動詞に多いので、もう一度練習しておきましょう。

077

❶ versuchen　versuchte　________（試みる）

❷ reservieren　reservierte　________（予約する）

- **versuchen**
  動 試みる
- **reservieren**
  動 予約する

❶ versucht
❷ reserviert

次は不規則変化を見てみましょう。数は少ないけれど、よく使うものが多いので、変化の特徴を覚えておきましょう。

たとえば、kommen は過去基本形が kam、
過去分詞は gekommen となります。

つまり、過去基本形は語幹のみで、過去分詞は ge に始まって en に終わります。
語幹の母音が変わる点が不規則変化の大きな特徴です。

これにはいろいろなパターンがあるので、巻末の一覧表で調べましょう。

一覧表でちゃんと調べられましたか？

下線部を埋めてみましょう。

079

	不定詞	過去基本形	過去分詞
❶	gehen	＿＿＿＿	＿＿＿＿
❷	＿＿＿＿	stand	＿＿＿＿

❶ ging, gegangen
❷ stehen, gestanden

不規則変化のなかには外見が規則変化に似ていて注意が必要なものもあります。

たとえば、denken は過去基本形 dachte、過去分詞 gedacht と変化します。

wissen を巻末一覧表で調べてみましょう。

過去基本形 wusste、過去分詞 gewusst です。

分離動詞の 3 基本形はちょっと変わっているので、ここで覚えてしまいましょう。

たとえば、aufstehen を見てみましょう。

分離前綴り auf と基礎となる動詞 stehen が分離して、過去基本形は stand...auf、

過去分詞は前つづり＋基礎になる動詞の過去分詞で aufgestanden となります。

ankommen は？

基礎になる kommen が kam、gekommen と変化するので、過去基本形は kam...an、過去分詞は angekommen となります。

最も大事な sein と haben、そして werden は個性的な変化なので、表にしておきます。

不定詞	過去基本形	過去分詞
sein	war	gewesen
haben	hatte	gehabt
werden	wurde	geworden

- **denken** 動 考える
- **ankommen** 動 到着する

081 2 過去人称変化

過去人称変化は、過去基本形に、主語に応じた語尾をつけます。人称変化語尾は現在人称変化とほとんど同じです。

一覧表で特徴を捉えましょう。

不定詞	規則	不規則	
	lernen	fahren	sein
過去基本形	lernte	fuhr	war
ich –	lernte	fuhr	war
du –st	lerntest	fuhrst	warst
er –	lernte	fuhr	war
wir –[e]n	lernten	fuhren	waren
ihr –t	lerntet	fuhrt	wart
sie –[e]n	lernten	fuhren	waren
Sie –[e]n	lernten	fuhren	waren

1 人称単数の ich と 3 人称単数の er は、同形で語尾なし。つまり、過去基本形がそのまま使えます。

ihr 以外の複数では、すでに語尾に e がついているものは n だけつけます。

過去の文を作ってみましょう。

Wir machen einen Ausflug.
私たちはハイキングをする。

❶ 私たちはハイキングをした。

→ ______________________________

Er besucht seine Tante.
彼はおばを訪ねる。

❷ 彼はおばを訪ねた。

→ ______________________________

Sie steht um 5 Uhr auf.
彼女は 5 時に起きる。

❸ 彼女は 5 時に起きた。

→ ______________________________

- **der Ausflug**
  名男 ハイキング、遠足
- **die Tante**
  名女 おば

❶ Wir machten einen Ausflug.
❷ Er besuchte seine Tante.
❸ Sie stand um 5 Uhr auf.

3 現在完了

現在完了は、英語の「have ＋過去分詞」とは少し違います。

ドイツ語では完了の助動詞として haben だけでなく sein も使い、さらに過去分詞を文末において枠構造を作ります。

現在完了の特徴を図で示してみましょう。

haben または sein の現在人称変化 ／ 本動詞の過去分詞 → 枠構造

助動詞 sein と haben の使い分け

ほとんどの動詞は haben を助動詞に用い、自動詞で次の３つのグループのみ sein を用います。

① 場所の移動を表すもの

gehen 行く、kommen 来る、fahren（乗り物で）行く、など

② 状態の変化を表すもの

werden …になる、einschlafen 眠り込む、sterben 死ぬ、など

③ その他

sein …である、bleiben とどまる、begegnen 出会う、など

わからないときは辞書で確認しましょう。辞書には次のように載っています。

gehen 自（完了 sein）または（s）
helfen 自（完了 haben）または（h）
lernen 他（完了 haben）または（h）

- **einschlafen** 動 眠り込む
- **sterben** 動 死ぬ
- **bleiben** 動 とどまる
- **begegnen** 動 出会う

現在完了を作ってみましょう。

❶ 私はその映画（Film ㊚）を見まし（sehen）た。

→ ________________

まず、完了の助動詞について考えてみましょう。

sehen はここでは他動詞で、sein を用いる 3 つのグループに入らないので、haben が完了の助動詞です。

つぎに、文末に置かれる過去分詞は、sehen が不規則変化なので、gesehen です。

Ich habe den Film gesehen.

次はどうでしょうか？

❷ 彼女は車で（mit dem Auto）町に（in die Stadt）行っ（fahren）た。

→ ________________

まず、動詞が fahren、つまり❶場所の移動を表すものだから、助動詞は sein です。そして、fahren の過去分詞は gefahren です。

Sie ist mit dem Auto in die Stadt gefahren.

❸ 列車（Zug 男）はミュンヘン（München）に到着し（ankommen）た。

→ ____

• **der Zug**
名男 列車

動詞が ankommen で、これも❶のグループなので、用いる助動詞は sein です。そして分離動詞 ankommen の過去分詞は angekommen です。

Der Zug ist in München angekommen.

現在完了はよく使われる時制なので、しっかり身につけましょう。特に日常会話では、過去の出来事を表すのはたいてい現在完了が使われています。

再帰動詞・受動態

introduce oneself のような表現と、受け身について勉強します。
前回のレッスンで学んだ現在完了と合わせて、受け身の表現はよく使われるので、ここでしっかり身につけましょう。

受け身は英語でも学んだ「～される」という表現です。

Lektion 8 再帰動詞・受動態

1 再帰動詞

1-1 再帰って？

主語の働きは動詞によって表されるわけですが、この主語の働きが主語自身に帰ってくる、つまり主語が主語自身を…するというような意味で用いる動詞が再帰動詞と呼ばれます。

たとえば setzen は「…をすわらせる」という意味の他動詞です。
setzen を、主語自身を表す sich といっしょに使うと、

sich setzen

で「自分自身をすわらせる＝すわる」という意味になります。

このいつも一緒に使う sich を再帰代名詞と呼び、再帰代名詞と一緒に使う動詞は再帰動詞といいます。

例文で説明します。

Hans と ihn は
同一人物ではない

Hans setzt ihn auf die Bank.
ハンスは彼をベンチにすわらせる。

Hans と sich は
同一人物である

Hans setzt sich auf die Bank.
ハンスはベンチにすわる。

再帰代名詞は敬称 2 人称と 3 人称では sich という形を使いますが、その他は人称代名詞をそのまま代用します。

sich setzen の人称変化の表を見てみましょう。

sich setzen すわる

ich	setze	mich	wir	setzen	uns
du	setzt	dich	ihr	setzt	euch
er	setzt	sich	sie	setzen	sich

Sie setzen sich

再帰動詞は、本来は他動詞なので再帰代名詞は 4 格のことが多いのですが、まれに 3 格の再帰代名詞と一緒に使う動詞もあります。

- **setzen**
  動 すわる
- **die Bank**
  名 女 ベンチ

文中の（　）に適当な再帰代名詞を入れましょう。

085

① Ich erinnere (　　　) oft an meine Heimat.
私はときどき故郷を思い出す。

② Er freut (　　　) über das Geschenk.
彼はプレゼントを喜ぶ。

③ Wir freuen (　　　) auf die Winterferien.
私たちは冬休みを楽しみにしている。

④ Sie stellt (　　　) die Szene vor.
彼女はその場面を想像する。

- **erinneren** 動 思い出す、覚えている
- **die Heimat** 名 女 故郷
- **freuen** 動 喜ぶ
- **das Geschenk** 名 中 プレゼント
- **Ferien** 名 複 休暇
- **der Winter** 名 男 冬
- **vorstellen** 動 想像する
- **die Szene** 名 女 場面

① mich
② sich
③ uns
④ sich（3格）
②と③、動詞はどちらも freuen。結びつく前置詞によって意味が変わります。

このように前置詞と一緒に使われる再帰動詞は熟語のようなものが多いので、要注意！
辞書で確認しながら、ひとつずつ覚えましょう。

2 受動態

2-1 受動文が生まれるメカニズムを知ろう

受動文は、書き言葉にも話し言葉にもよく使われています。

ポイントとなるドイツ語独特の部分をおさえよう。

受動文は

werden の人称変化 ＋ 動詞の過去分詞（文末）

werden の人称変化をもう一度、変化表で確認しておきましょう。

werden

ich	werde	wir	werden
du	wirst	ihr	werdet
er	wird	sie	werden

Sie werden

能動文と受動文を比べてみましょう。

● **der Kuli** 名男 ボールペン

主語と目的語が入れかわるのと同時に、格も変化しているところに注目してください。

受動文の作り方を説明します。

① 能動文の 4 格目的語を 1 格に変えて受動文の主語にする
ドイツ語には格があるから英語に比べるとちょっとむずかしい感じを受けるかもしれません。覚えてしまえば、働きがわかるので便利です。

能動文の 4 格目的語しか主語になれないのが大きな特徴です。
英語のように ihm を主語にして受動文は作れません。
4 格以外はそのまま受動文に移すだけです。

② 能動文の主語は von ＋ 3 格にする
手段や原因を表すときは durch ＋ 4 格のこともあります。

Die Hütte wird durch den Sturm zerstört.
その小屋は嵐によって壊される。

- **die Hütte** 名女 小屋
- **der Sturm** 名男 嵐
- **zerstören** 動 破壊する

③ 助動詞には werden を用い、動詞は過去分詞に変えて文末に置く（＝ワク構造）

ドイツ語の助動詞構造の特徴で、「動詞の不定詞や過去分詞を文末に置く」がここでもでてきます。
ドイツ語特有の構造です。しっかりと覚えておきましょう。

次の文を受動文に変えてみましょう。

Er gibt mir einen Apfel.

彼は私にリンゴを与える。

• **der Apfel**
名男リンゴ

リンゴは彼によって私に与えられる。

→ ______________________________

① 4 格の einen Apfel を、1 格の ein Apfel に変えて受動文の主語にする。mir は主語にはなれない。そのまま受動文に移せばよい。

② 能動文の主語の er は von + 3 格つまり von ihm に変える。

③ 動詞を受動の形にする。werden + 過去分詞だから wird gegeben。

Ein Apfel wird mir von ihm gegeben.

2-2 受動文にも時制がある

次の文を、先ほどの要領で受動文に変えましょう。

Sie lobt ihn.　彼女は彼をほめる。

● **loben**
動 ほめる

❶ 彼は彼女にほめられる。

→ ＿＿＿＿＿＿＿＿＿＿＿＿＿＿＿＿＿＿＿＿

❶ Er wird von ihr gelobt.

過去形の作り方をみてみましょう。
助動詞の werden を過去に変えます。

Er **wurde** von ihr **gelobt**.　彼は彼女にほめられた。

現在完了はどうなるでしょう。

現在完了の作り方、
覚えていますか？
haben または sein ＋過去分詞。

❷ 彼は彼女にほめられた。

→ ＿＿＿＿＿＿＿＿＿＿＿＿＿＿＿＿＿＿＿＿

時制を変える対象になる werden の完了形にするための助動詞は、sein です。

そして過去分詞は geworden ではなく、受動文に限り ge のつかない **worden** を用います。

❷ Er ist von ihr gelobt worden.

このように、受動文の時制は、ひとつの流れのなかで見ていくとわかりやすいです。
まず次の文を現在の受動文に変えてみましょう。

Er schenkt ihr einen Ring.　彼は彼女に指輪をプレゼントする。

指輪が彼によって彼女にプレゼントされる。

→ ____

der Ring
名男 指輪

能動文の 4 格 einen Ring を 1 格に変えて受動文の主語にし、能動文の主語は von ＋ 3 格で表します。

核となる動詞の部分は werden ＋過去分詞にすると、受動文は次のようになります。

Ein Ring wird ihr von ihm geschenkt.

次に過去の受動文を作ってみましょう。

助動詞の werden を過去にするだけです。

Ein Ring wurde ihr von ihm geschenkt.

最後に現在完了を作ってみましょう。

受動文は助動詞に werden を使うので、現在完了はいつも「sein ＋過去分詞（ただし geworden ではなく worden）になります。

Ein Ring ist ihr von ihm geschenkt worden.

088

2-3 自動詞（4格目的語をとらない動詞）の受動は可能か？

受動文は、能動文に4格がないと主語が作れないと説明しましたが、文頭に何かその他の成分を置くか、es を形式上の主語にすれば作れます。

たとえば

Sie hilft ihm. 彼女は彼を助ける。

次の2通りの受動文が作れます。

① Ihm wird von ihr geholfen.
② Es wird ihm von ihr geholfen.

ひとつ練習してみましょう。

089

Sie wartet auf ihn. 彼女は彼を待つ。

→❶ ____________________

→❷ ____________________

2つの可能性がありますね。

❶ Auf ihn wird von ihr gewartet.
❷ Es wird von ihr auf ihn gewartet.

ihn は確かに er の4格ですが、ここでは auf と結びついて auf ihn という前置詞句になっているので、切り離して使うことはできません。

090 2-4 「窓が開いている」のような表現はどうするか？

「窓が開けられる」のように、動作を強調した表現を動作受動と呼び「窓が開いている」のように、その結果を表す形式を状態受動と呼びます。

まず、復習をかねて次の文を動作受動に変えてみましょう。

Man öffnet das Fenster. 注：man は受動文では省かれる

Das Fenster wird geöffnet. 窓が開けられる。

- **das Fenster**
  中 窓
- **öffnen**
  動 開ける

状態受動は sein ＋過去分詞で作ります。

Das Fenster ist geöffnet. 窓が開いている。

（ist：sein の人称変化 ＋ geöffnet：他動詞の過去分詞（文末））

まとめに、次の文を日本語にしてみましょう。

Der Laden ist von 10 bis 20 Uhr geöffnet.

→ ____________________

- **der Laden**
  名 男 店

その店は 10 時から 20 時まで開いている。

時制がいろいろでてきましたね。

完了にしても受身にしても、Lektion 1 で学習した sein や haben、そして werden の変化ができないと難しいですよね。
常に原点に返って、チェックすることを忘れないでください！

関係代名詞

ここで、勉強するのは関係代名詞。
必要になってくるのは、Lektion 2 で学んだ格変化の知識です。
der, des, dem, den...
確認しておきましょう。

あとは、少しのルールを身につけるだけで、関係代名詞が使いこなせます。
関係文を用いれば、表現の幅は限りなく広がります。

Lektion 9 関係代名詞

ドイツ語は一見ややこしいように見えても、秩序正しく整然としているので、基本となるルールを覚えればすぐに理解できます。
では、まず先行詞を持つ関係代名詞から学びます。

1 決まった先行詞を持つ定関係代名詞

1-1 定関係代名詞の格変化

定関係代名詞の変化表を見てみましょう。

	男	女	中	複
1格	der	die	das	die
2格	dessen	deren	dessen	deren
3格	dem	der	dem	denen
4格	den	die	das	die

単数2格と複数2・3格は少し違いますが、定冠詞の変化に似ています。それもルーツを考えれば当然で、定冠詞と関係代名詞は、ともに指示代名詞から派生したものなので、ほとんど形が同じです。

もう一度確認しておきましょう！

では、関係代名詞の文を観察してみましょう。

Der Student, der dort Fußball spielt, heißt Peter.
あそこでサッカーをしている大学生は、ペーターといいます。

網掛け部分が関係代名詞 der。

前のページの表の 16 種類の関係代名詞のなかから、なぜ der が選ばれたのか、考えてみましょう。

上のドイツ語で説明すると、

ここでキーワードになるのは、やはり先行詞です。先行詞から関係代名詞を 4 つに限定することができます。

上の例文でいえば、先行詞は直前の der Student だから、関係代名詞は、der, dessen, dem, den のどれかです。

どれになるかは、関係代名詞が関係文のなかでどんな役割を果たさないといけないかで決められます。

例文では、「サッカーをしている人物」つまり、主語となるものが必要だから 1 格の der が選ばれました。

- **dort**
  副 そこで
- **der Fußball**
  名 男 サッカー
- **spielen**
  動（球技を）する

大事な決まりがもうひとつあります。
関係文は副文のひとつだから、動詞が文末に置かれます。

では、いっしょに考えてみましょう。

適当な関係代名詞を下線部に入れてみましょう。

Der Student, _________ ich morgen besuche, heißt Peter.

先行詞はさっきと同じで der Student だから、可能性は der, dessen, dem, den のどれかになります。

次に関係文のなかを見てみましょう。
ich があるから、これが主語だとわかります。したがって、1格の der が候補から消えます。
2番目のキーワードである動詞の besuche に注目すると、besuche のもとの形である besuchen は他動詞で、4格の目的語を必要とするから、関係代名詞は4格の den ということになります。

「私があす訪問する大学生はペーターといいます」

同じように考えて、次の文の下線部に適切な関係代名詞を入れてみましょう。

093

❶ Der Student, ________ ich schreibe, heißt Peter.
私が手紙を書いている大学生はペーターといいます。

❷ Wo ist der Student, ________ das Auto hier gehört?
ここの車の持ち主である大学生はどこにいますか。

❸ Die Mutter, ________ Sohn faul ist, ist unglücklich.
息子が怠け者である母親は不幸だ。

❹ Die Familie, bei ________ ich wohne, ist sehr freundlich.
私が下宿している家族はとても親切だ。

- **faul** 形 怠惰な
- **unglücklich** 形 不幸な
- **die Familie** 名 女 家庭
- **freundlich** 形 親切な

❶ dem（動詞が schreibe だから、男性３格）

❷ dem（動詞 gehört の影響で、男性３格）
関係文は先行詞の位置によって、文の後ろにくることもあります。

❸ deren
まず先行詞が女性なので die, deren, der, die のどれかになります。「その母の息子」なので所有を表す２格の deren になりますが、ひとつ役に立つ考え方として覚えておくと便利なのは、冠詞が来る位置がブランクになっているときは、２格になることが多いということです。

❹ der
これも先行詞が女性なので die, deren, der, die のどれかになります。そして関係代名詞の前に前置詞がある場合は、前置詞の格支配を受けることになります。bei は３格支配。

2 不定関係代名詞

これまでは決まった先行詞がある場合でしたが、次に先行詞を必要としない関係代名詞の例を見てみましょう。

不定関係代名詞には、人を表す wer と、事物を表す was があり、次のように変化します。

	（およそ）～のような人	（およそ）～のようなもの
1格	wer	was
2格	wessen	—
3格	wem	—
4格	wen	was

この変化は疑問代名詞の変化と同じです。

Wer Blumen und Tiere liebt, (der) hat ein warmes Herz.

花や動物を愛する人は、心があたたかい。

- das Tier 名中 動物
- das Herz 名中 心臓
- warm 形 あたたかい

下線部の wer が不定関係代名詞です。

考え方は次のようになります。

先行詞がないので関係文の意味内容から wer か was かを決めなければなりません。

この場合は内容が「人」に関するものなので、wer, wessen, wem, wen のどれかになります。

なぜ1格の wer になるのかは、先に説明した定関係代名詞の場合と同じで、関係文の働きという視点から考えることになります。この場合は主語の役割を果たさないといけないから、1格の wer が選ばれました。後続する主文の文頭に指示代名詞を置くこともあるけれど、格が同じときは省略できます。

練習してみましょう。

❶ ______ man liebt, dem möchte man alles geben.

❷ ______ neu ist, (das) ist nicht immer gut.

❶ Wen
関係文の内容が「人」を表していること、そして liebt という他動詞の４格目的語になる。
意味は「愛する人にはすべてを与えたいと思う」。
❷ Was
関係文の内容が「もの」を表していること、そして主語になれるものがないから、１格の was。
意味は「新しいものがいつでもいいものであるとは限らない」。

was は alles, etwas, nichts や中性名詞化された形容詞などを先行詞にとることがあります。
これは非常によくでてくるので、しっかり覚えましょう。

Das ist alles, was ich weiß.
これが私が知っているすべてです。

Es gibt nichts, was ich essen kann.
食べられるものが何もない。

Das ist das Beste, was du für sie tun kannst.
これが君が彼女にできる最善のことだ。

● **tun**
動 する

097 3 関係副詞

先行詞が場所や時を表すときは、関係副詞 wo を使うこともできます。これは、前置詞＋関係代名詞の代わりと考えればよく、知っておくと便利なのでぜひ覚えましょう。

Die Stadt, wo ich wohne, liegt am See.
私が住んでいる町は、湖のほとりにあります。

- **liegen** 動 ～にある
- **der See** 名男 湖

関係代名詞を使って表現すると、in der ですが、wo だけです。また先行詞が地名の場合は必ず wo を用います。

Morgen fahre ich nach Marburg, wo ich zwei Jahre studiert habe.
明日私は 2 年間勉強したマールブルクに行きます。

- **das Jahr** 名中 年

先行詞が時を表す例です。

Im Juni, wo die Rosen blühen, werde ich ihn heiraten.
バラの咲く6月に、私は彼と結婚します。

- **der Juni** 名男 6月
- **die Rose** 名女 バラ
- **blühen** 動 花が咲く
- **heiraten** 動 結婚する

関係代名詞を用いれば、in dem となります。

接続法

最後に学ぶのは接続法という英語の仮定法にあたるものです。

学ぶことは多いですが、ドイツ語はすべて有機的につながっています。

ここでは、間接話法や非現実話法について学習します。
さらに表現の幅を広げましょう。

Lektion 10

接続法

ここで学ぶ文法は、間接話法や非現実話法で用いる動詞の形態です。

098

1 接続法とは？

これまで学んできた動詞の形態は、ある事柄を事実として述べるもので直説法と呼ばれます。しかし、日常のコミュニケーションにおいて述べられる事柄は、いつも事実ということはありません。

たとえば、次の文を見てみましょう。

Er hat viel Geld.

「彼はたくさん金を持っている」。

じゃあ、次はどうでしょうか。

Er sagt, er habe viel Geld.

これは間接話法で「彼はたくさん金を持っていると言っている」という意味になります。

次はどうでしょうか。

Wenn er viel Geld hätte!

hätte の不定形は haben で、非現実話法といいます。hätte というもとの形とは似ても似つかぬ形を使うことで、事柄が非現実であることを強調しています。「もし彼がたくさん金を持っていたらなあ！」という意味になります。

接続法と呼ばれて、願望や仮定といった不確実であったり非現実であるような事柄を表す話法で、英語の仮定法にあたります。

接続法には事柄を実現可能なこととして述べる第１式と、非現実なこととして述べる第２式があります。まず第１式から説明しましょう。

099

2 接続法第1式

第1式の人称変化を見てみましょう。

すでに学んだ現在人称変化と似ているし、語幹の母音は一切変わることがなく、語幹に人称語尾をつけるだけです。

表で確認してみましょう。

不定詞 語幹	lernen lern	sprechen sprech	sein sei
ich -e	lerne	spreche	sei
du -est	lernest	sprechest	sei[e]st
Sie -en	lernen	sprechen	seien
er -e	lerne	spreche	sei
wir -en	lernen	sprechen	seien
ihr -et	lernet	sprechet	seiet
Sie -en	lernen	sprechen	seien
sie -en	lernen	sprechen	seien

sein が少し例外的ですが、
他は語尾をつけるだけです。

100 2-1 間接話法

この簡単な変化で、新聞などでよく用いられている**間接話法**が作られます。

次の直接話法を間接話法に書きかえてみましょう。

Er sagte mir: „Ich besuche Sie."
彼は私に「私はあなたを訪ねます」と言った。

主文はそのまま、また、間接引用文との間に時の一致はありません。

① コロンをコンマに変え、引用符はとる。
② 人称代名詞を第三者の立場で間接的に表現する。
③ 動詞の部分を接続法第１式に変える。

そうすると、次のような文が出来上がります。

Er sagte mir, er **besuche** mich.

ひとつ練習してみましょう。

Sie sagte ihm: „Ich liebe dich."
彼女は彼に「私はあなたを愛しています」と言った。

→❶ ______________________________

次は、**間接疑問文**です。
疑問詞がある場合は、疑問詞を従属の接続詞として用います。

Er fragte sie: „Wie heißen Sie?“
彼は彼女に「お名前はなんとおっしゃいますか？」と尋ねた。

→ Er fragte sie, **wie** sie **heiße**.

定動詞が後置されることを忘れずに！

- **fragen** 動 尋ねる

念のために確認しましょう。

まず、主文はそのままでいいので、Er fragte sie. その次に疑問詞 wie を従属の接続詞として用いて、Sie（あなた）を第３者から見た sie（彼女）に変えます。動詞の形は３人称単数の heiße にして文末に置きます。

疑問詞のない疑問文で練習してみましょう。
この場合は従属の接続詞として ob（～かどうか）**を使います。その他は、上の説明の通りです。**

Sie fragte ihn: „Hast du Hunger?“
彼女は彼に「おなかがすいているの？」と尋ねた。

→❷ ＿＿＿＿＿＿＿＿＿＿＿＿＿＿＿＿

- **der Hunger** 名 男 空腹

❶ Sie sagte ihm, sie liebe ihn.
❷ Sie fragte ihn, ob er Hunger habe.

ひとつ注意しなくてはいけないのは、時制です。

接続法では過去・現在完了・過去完了の区別がなくなり、過去と呼ばれます。しかし形態は、現在完了で表します。
注意するのは引用文が過去の場合です。

例で確認しましょう。

Er sagte: „Ich lernte Deutsch."
彼は「ぼくはドイツ語を学んだ」と言った。

→ ______________________________

まず Er sagte はそのまま。lernte は lernen の過去で、過去分詞は gelernt、また完了の助動詞として haben を用いるので、この haben を接続法第 1 式にして gelernt を文末に置きます。

Er sagte, er habe Deutsch gelernt.

もう 1 題やってみましょう。

Sie fragte ihn: „Warst du bei deinem Onkel?"
彼女は彼に「おじさんのところにいたの？」と尋ねた。

→ ______________________________

warst の不定詞は sein、そして過去分詞は gewesen です。
sein は完了の助動詞として sein を用いるので、この助動詞の sein を接続法第 1 式にします。

Sie fragte ihn, ob er bei seinem Onkel gewesen sei.

2-2 要求話法

接続法第１式を使って、間接話法のほかにも１人称と３人称に対する実現可能な要求や命令を表すことができます。

Es lebe die Freiheit!
自由万歳！

次の意味を考えてみましょう。

Man nehme täglich drei Tabletten.

病気になったときに見かける言葉で、「１日３錠服用」。

このように薬の処方や料理のレシピなどで接続法第１式が用いられています。

- **leben** 動 生きている
- **die Freiheit** 名 女 自由
- **täglich** 形 毎日の
- **die Tablette** 名 女 錠剤

102 3 接続法第２式

使用頻度的に重要なのは、接続法第２式です。

もとになる形が過去基本形なので、過去基本形が作れることが条件になるので、思い出しておきましょう。

表で確認しましょう。

不定詞 過去基本形	lernen lernte	sprechen sprach	sein war
ich –[e]	lernte	spräche	wäre
du –[e]st	lerntest	sprächest	wärest
Sie –[e]n	lernten	sprächen	wären
er –[e]	lernte	spräche	wäre
wir –[e]n	lernten	sprächen	wären
ihr –[e]t	lerntet	sprächet	wäret
Sie –[e]n	lernten	sprächen	wären
sie –[e]n	lernten	sprächen	wären

大きな特徴は、不規則変化動詞では a, o, u が必ず変音することです。

語尾変化は第１式とまったく同じです。
過去基本形を元にして作るだけです。

非現実話法は、非現実の仮定とその結論からできています。

ひとつ例を見てみましょう。

Wenn ich Zeit **hätte**, **ginge** ich ins Kino.
もし時間があれば、映画に行くのに。

さまざまなヴァリエーションがありますが、上の例はすべての形のもとになる大事なものです。
確実に覚えましょう。

過去基本形をもとにしているので、時制には特に注意が必要です。

先の例文は現在のことを言っているのであって、たとえば例文を接続法過去で書きかえると、次のようになります。
形態は現在完了になることに注意しましょう。

Wenn ich Zeit gehabt **hätte**, **wäre** ich ins Kino **gegangen**.

では、わかりやすいように同じ文を用いていくつかのヴァリエーションを紹介しましょう。

① 後半の結論部は、würde ＋不定詞（文末）の形がよく用いられます。

Wenn ich Zeit hätte, würde ich ins Kino gehen.

② wenn が省略されると、定動詞が文頭に来ます。

Hätte ich Zeit, würde ich ins Kino gehen.

③ 仮定部が独立的に用いられて、非現実の願望を表します。このとき、doch や nur などの副詞が添えられることが多いです。

Wenn ich doch mehr Zeit hätte!
もっと時間があればなぁ。

4 ていねいな表現（外交的接続法）

よく用いられる接続法第２式の用法について説明します。

これは、事実を非現実のように表現することで、ていねいなニュアンスを与える用法で、外交的接続法とも呼ばれます。

たとえば、「質問があります」は

日常会話でよく用いられるから、覚えておこう。

Ich habe eine Frage.

die Frage
名女 質問

これではあまりに直接的すぎるので、ふつうは接続法第２式を使って

Ich hätte eine Frage.

と表現します。

では、携帯電話を買いに行って、店で店員にどう言えばいいでしょうか。

das Handy
名中 携帯電話

Ich hätte gern ein Handy.

Ich hätte gern ... は、買い物をするときの決まり文句。

これまでのまとめとして最後に練習問題をいくつかやってみましょう。
（　）の動詞を接続法第２式に変えましょう。また時制に注意して訳してみましょう。

104

1 Wenn ich Flügel (haben), (fliegen) ich zu dir.

→ ______

2 (sein) wir früher aufgestanden, dann (haben) wir den Zug nicht verpasst.

→ ______

3 Bei schönem Wetter (gehen) ich im Wald spazieren.

→ ______

4 Ich (werden) mich freuen, wenn Sie mir helfen (können).

→ ______

5 Ich (haben) gern eine Krawatte.

→ ______

- **der Flügel** 名 男 翼
- **fliegen** 動 飛ぶ
- **verpassen** 動 逃す
- **das Wetter** 名 中 天気
- **der Wald** 名 男 森
- **spazieren gehen** 動 散歩する

1 Wenn ich Flügel hätte, flöge ich zu dir.
翼があったなら、君の所に飛んでいくのに。

2 Wären wir früher aufgestanden, dann hätten wir den Zug nicht verpasst.
もっと早く起きていたら、列車に乗り遅れることはなかったのに。

3 Bei schönem Wetter ginge ich im Wald spazieren.
天気がよければ、森を散歩するのに。

4 Ich würde mich freuen, wenn Sie mir helfen könnten.
手伝っていただけると、ありがたいのですが。

5 Ich hätte gern eine Krawatte.　ネクタイがほしいのですが。

付録

数、季節や年月日や時刻の表現です。
音声を聞きながら、何度も声に出して、読んで、覚えましょう。

基数

105

0	null	26	sechsundzwanzig	52	zweiundfünfzig
1	eins	27	siebenundzwanzig	53	dreiundfünfzig
2	zwei	28	achtundzwanzig	54	vierundfünfzig
3	drei	29	neunundzwanzig	55	fünfundfünfzig
4	vier	30	dreißig	56	sechsundfünfzig
5	fünf	31	einunddreißig	57	siebenundfünfzig
6	sechs	32	zweiunddreißig	58	achtundfünfzig
7	sieben	33	dreiunddreißig	59	neunundfünfzig
8	acht	34	vierunddreißig	60	sechzig
9	neun	35	fünfunddreißig	61	einundsechzig
10	zehn	36	sechsunddreißig	62	zweiundsechzig
11	elf	37	siebenunddreißig	63	dreiundsechzig
12	zwölf	38	achtunddreißig	64	vierundsechzig
13	dreizehn	39	neununddreißig	65	fünfundsechzig
14	vierzehn	40	vierzig	66	sechsundsechzig
15	fünfzehn	41	einundvierzig	67	siebenundsechzig
16	sechzehn	42	zweiundvierzig	68	achtundsechzig
17	siebzehn	43	dreiundvierzig	69	neunundsechzig
18	achtzehn	44	vierundvierzig	70	siebzig
19	neunzehn	45	fünfundvierzig	71	einundsiebzig
20	zwanzig	46	sechsundvierzig	72	zweiundsiebzig
21	einundzwanzig	47	siebenundvierzig	73	dreiundsiebzig
22	zweiundzwanzig	48	achtundvierzig	74	vierundsiebzig
23	dreiundzwanzig	49	neunundvierzig	75	fünfundsiebzig
24	vierundzwanzig	50	fünfzig	76	sechsundsiebzig
25	fünfundzwanzig	51	einundfünfzig	77	siebenundsiebzig

78	achtundsiebzig	86	sechsundachtzig	94	vierundneunzig
79	neunundsiebzig	87	siebenundachtzig	95	fünfundneunzig
80	achtzig	88	achtundachtzig	96	sechsundneunzig
81	einundachtzig	89	neunundachtzig	97	siebenundneunzig
82	zweiundachtzig	90	neunzig	98	achtundneunzig
83	dreiundachtzig	91	einundneunzig	99	neunundneunzig
84	vierundachtzig	92	zweiundneunzig	100	[ein]hundert
85	fünfundachtzig	93	dreiundneunzig	1.000	[ein]tausend

序数

106

1. erst	11. elft	21. einundzwanzigst	40. vierzigst
2. zweit	12. zwölft	22. zweiundzwanzigst	50. fünfzigst
3. dritt	13. dreizehnt	23. dreiundzwanzigst	60. sechzigst
4. viert	14. vierzehnt	24. vierundzwanzigst	70. siebzigst
5. fünft	15. fünfzehnt	25. fünfundzwanzigst	80. achtzigst
6. sechst	16. sechzehnt	26. sechsundzwanzigst	90. neunzigst
7. sieb[en]t	17. siebzehnt	27. siebenundzwanzigst	100. hundertst
8. acht	18. achtzehnt	28. achtundzwanzigst	
9. neunt	19. neunzehnt	29. neunundzwanzigst	
10. zehnt	20. zwanzigst	30. dreißigst	

季節

107

春	Frühling
夏	Sommer
秋	Herbst
冬	Winter

曜日

108

月曜日	Montag
火曜日	Dienstag
水曜日	Mittwoch
木曜日	Donnerstag
金曜日	Freitag
土曜日	Samstag
日曜日	Sonntag

月

109

1月	Januar
2月	Februar
3月	März
4月	April
5月	Mai
6月	Juni
7月	Juli
8月	August
9月	September
10 月	Oktober
11 月	November
12 月	Dezember

西暦

110

1652	sechzehnhundertzweiundfünfzig
1999	neunzehnhundertneunundneunzig
2011	zweitausendelf
2021	zweitausendeinundzwanzig

時刻

111

9:00	9.00 Uhr	neun Uhr	
12:48	12.48 Uhr	zwölf Uhr achtundvierzig	
6:30	6.30 Uhr	sechs Uhr dreißig	halb sieben
6:15	6.15 Uhr	sechs Uhr fünfzehn	Viertel nach sechs
6:45	6.45 Uhr	sechs Uhr fünfundvierzig	Viertel vor sieben

日付

112

Der Wievielte ist heute?	今日は何日ですか?
Heute ist der 2. (der zweite).	今日は2日です。

Wann hast du Geburtstag?	誕生日はいつですか?
Am 26. (sechsundzwanzigsten) Januar.	1 月 26 日です。

まとめのテスト

ディクテーション問題もあります。

知識を総動員して、挑んでください。

Lektion 1

I 次の動詞を適当な形に変えて下線部に入れ、和訳しなさい。

1. lernen

   Ich ________________ Englisch und du ________________ Deutsch.

2. spielen

   ________________ ihr gern Tennis?

   —Nein, wir ________________ lieber Baseball.

3. machen / hören

   Was ________________ Herr Tanaka gern?

   —Er ________________ gern Musik.

4. arbeiten

   Wo ________________ Klaus?

   —Er ________________ in Hamburg.

5. reisen

   ________________ du gern, Lisa?

   —Ja, ich ________________ sehr gern.

6. nehmen

   Er ________________ ein Taxi.

7. helfen

   Jeden Tag ________________ sie（単数）dem Vater.

8. lesen

   Michael ________________ jetzt die Zeitung.

9. tragen

   Heike ________________ einen Rucksack.

10. sprechen

    Er ________________ fließend Deutsch.

II 例にならって文を作りなさい。

例 Er trinkt Wein. → Trinkt er Wein?
→ Was trinkt er?

1. Frau Suzuki wohnt in München. → ______________________
→ ______________________

2. Er kommt heute Abend. → ______________________
→ ______________________

3. Herr Müller trinkt gern Bier. → ______________________
→ ______________________

III 例にならって文を作りなさい。

例 Ihr arbeitet nicht fleißig. → Arbeitet fleißig!

1. Du sprichst nicht deutlich. → ______________________

2. Du bist nicht vorsichtig. → ______________________

3. Ihr raucht viel. → ______________________

113

IV 音声を聞いて、ドイツ語の文を書き取りなさい。（文は３回読まれます。）

____

____

____

____

Lektion 2

I　（　）の冠詞を適当な形に変え、和訳しなさい。

1. Ich kaufe (der) Vater (eine) Krawatte.

2. Die Tante schenkt (das) Mädchen (ein) iPad.

3. Ich kenne (die) Mutter (das) Kindes.

4. Der Lehrer fragt (der) Schüler.

5. Gehört das Auto (die) Lehrerin?

6. Er hat (ein) Bruder und (eine) Schwester.

7. Die Mutter (der) Studenten（単数）ist Lehrerin.

8. Sie bringt (der) Lehrer (der) Brief (die) Mutter.

9. Sie liebt (ein) Studenten.

10. Hilft (der) Junge (der) Touristen（単数）?

11. Da kommen (die) Lehrerin (die) Kinder.

12. Die Kinder grüßen (der) Onkel und (die) Tante.

13. Hier ist (ein) Fahrrad. Das Fahrrad gehört (der) Sohn (ein) Arztes.

____

14. Die Eltern besuchen (der) Lehrer (die) Tochter.

____

15. Er gibt (das) Mädchen (ein) Buch.

____

II 下線の名詞を複数に変えて、文を書き換えなさい。

1. Die Eltern geben dem Sohn viel Geld.

→ ____

2. Kennen Sie den Namen des Steins?

→ ____

3. Das Kind schenkt der Mutter eine Blume.

→ ____

4. Sie öffnet die Tür und das Fenster.

→ ____

5. Die Mutter kauft der Tochter ein Buch und ein Heft.

→ ____

114 III 音声を聞いて、ドイツ語の文を書き取りなさい。（文は３回読まれます。）

____

____

____

____

Lektion 3

I 1 ～ 5 の下線部には冠詞類の適当な語尾を補い、また 6 ～ 10 の下線部には形容詞の語尾を補いなさい（語尾が必要でないときは×印をつける）。

1. Das ist das Auto jen____ Mannes.
2. Jen____ Auto gehört mein____ Freundin.
3. Unser____ Professor lobt jed____ Studenten.
4. Dein____ Hund beißt oft ihr____ Katze.
5. Er hat jetzt kein____ Arbeit und kein____ Geld.
6. Der Tourist trinkt weiß____ Wein und isst frisch____ Fische.
7. Die arm____ Freundin dieses reich____ Mannes geht in eine alt____ Kirche.
8. Meine alt____ Eltern machen mit ihren nett____ Freunden eine schön____ Wanderung.
9. Er ist Deutsch____, aber seine Frau ist keine Deutsch____.
10. Steht etwas Interessant____ in der heutig____ Zeitung?

    –Nein, nichts Interessant____.

II （ ）の語を用いて、答の文を作りなさい。

1. Wen liebt sie? (dein Bruder)

   → ______________________________

2. Wem gehört das Handy? (jenes Kind)

   → ______________________________

3. Wessen Auto ist das? (dieser Mann)

   → ______________________________

4. Was schenkt sie ihm? (ihr Foto)

→ ______________________________

5. Was trinken Sie? (deutscher Wein)

→ ______________________________

6. Was kaufen Sie? (dieser weiße Hund)

→ ______________________________

7. Wo wohnt er? (eine schöne und alte Stadt)

→ ______________________________

8. Was für einen Rock trägt sie? (rot)

→ ______________________________

115 **III** 音声を聞いて、ドイツ語の文を書き取りなさい。(文は3回読まれます。)

____

____

____

____

____

Lektion 4

I 下線の名詞をすべて人称代名詞に変えなさい。

1. Sabine schenkt der Tante eine Handtasche.

   → ______________________________

2. Der Onkel gibt Thomas ein Wörterbuch.

   → ______________________________

3. Susanne busucht mit ihren Freundinnen den Lehrer.

   → ______________________________

4. Der Sohn bringt dem Vater eine Zeitung.

   → ______________________________

5. Die Kinder kaufen ihrer Mutter einen Blumenstrauß.

   → ______________________________

II 例にならって答えなさい。

例 Wo steht die Vase? (auf+der Tisch)
→ Sie steht auf dem Tisch.
Wohin stellen Sie die Vase? (auf+der Tisch)
→ Ich stelle sie auf den Tisch.

1. Wohin legen Sie die Brille? (neben+das Buch)

   → ______________________________

2. Wo liegt die Butter? (in+der Kühlschrank)

   → ______________________________

3. Wohin stellen Sie den Fernseher? (in+die Ecke)

   → ______________________________

4. Wo hängt das Bild? (an+die Wand)

→ ______________________________

5. Wohin setzen Sie das Kind? (auf+der Stuhl)

→ ______________________________

III 下線部に適当な定冠詞を補いなさい。

1. Ich fahre mit _______ Vater nach Deutschland.
2. Die Mutter kauft für _______ Tochter eine Halskette.
3. Statt _______ Vaters kommt die Mutter.
4. Ich gehe in _______ Bibliothek.
5. Ich hänge den Kalender an _______ Wand.

116 **IV** 音声を聞いて、ドイツ語の文を書き取りなさい（文は３回読まれます）。

____

____

____

____

____

Lektion 5

I 助動詞を用いて文を書き換え、和訳しなさい。

1. Sie arbeitet heute viel. müssen

2. Er ist schwer krank. sollen

3. Sie ist etwa 50 Jahre alt. mögen

4. Sie spricht gut Französisch. können

5. Er besucht sie morgen. wollen

6. Man parkt hier. dürfen

7. Was isst du? mögen

8. Öffne ich das Fenster? sollen

9. Sie ist krank. müssen

10. Das ist doch nicht wahr! können

II 次の語（句）を使って文を作りなさい（最初の語を文頭に置くこと）。

1. sie / sein / werden / wohl / krank

→ ______________________________

2. ich / kaufen / das Auto / werden

→ ______________________________

3. nach dem Essen / spazieren gehen / er / werden

→ ______________________________

4. am Nachmittag / das Wetter / werden / werden / wieder gut

→ ______________________________

5. du / mit uns / werden / kommen!

→ ______________________________

117 **III** 音声を聞いて、ドイツ語の文を書き取りなさい（文は３回読まれます）。

____

____

____

____

____

Lektion 6

I [　　] 内の zu 不定詞句を用いて、2 つの文を 1 文にしなさい。

1. ⓐ Sie spart Geld.　　ⓑ Sie kauft ein neues Auto
   [um ... zu 不定詞]

   → ______________________________

2. ⓐ Er geht weg.　　ⓑ Er grüßt sie nicht.
   [ohne ... zu 不定詞]

   → ______________________________

3. ⓐ Ich nehme ein Taxi.　ⓑ Ich gehe nicht zu Fuß.
   [statt ... zu 不定詞]

   → ______________________________

II 例にならって文を作りなさい。

例 Wann (abfahren) du? → Wann fährst du ab?

1. Was (vorhaben) Sie heute Abend?

   → ______________________________

2. Wen (einladen) ihr zur Party?

   → ______________________________

3. Wann (aufstehen) du gewöhnlich?

   → ______________________________

III 例にならって質問に答えなさい。

例 Warum sparst du Geld?
—Ich spare Geld, weil ich ein neues Auto kaufe.

1. Warum frühstückst du nicht?
— ____________________

2. Warum kommst du nicht zur Party?
— ____________________

3. Warum lernst du Deutsch?
— ____________________

4. Warum stehst du jeden Tag so früh auf?
— ____________________

5. Warum nimmst du ein Taxi?
— ____________________

Ich kaufe ein neues Auto.
Ich habe Interesse an Deutschland.
Ich gehe früh morgens gern spazieren.
Ich bin in Eile.
Ich habe keine Lust.
Ich habe keinen Appetit.

118 **IV** 音声を聞いて、ドイツ語の文を書き取りなさい（文は３回読まれます）。

____

____

____

____

Lektion 7

I 下線部に次の動詞を過去人称変化させて入れ、文を訳しなさい。

1. besuchen

   Du _________ deinen Onkel.

2. machen

   Er _________ den Führerschein.

3. wissen

   Ich _________ es gar nicht.

4. essen / trinken

   Sie（複数） _________ und _________ die ganze Nacht.

5. kommen / spielen

   Als wir ins Zimmer _________ , _________ sie Klavier.

II 下線部に haben または sein を適当な形にして入れ、文を訳しなさい。

1. Er _________ das Buch eben durchgelesen.
2. Frau Bauer _________ sehr spät in dieser Stadt angekommen.
3. _________ du schon einmal Sushi gegessen?
4. Ich weiß, dass er gestern mit ihr ins Kino gegangen _________.
5. Als sie kam, _________ er schon weggegangan*.

* 過去完了 = haben または sein の過去人称変化 + 過去分詞

III 現在完了の文になおしなさい。

1. Er studiert zwei Semester in Berlin.

→ ______________________________

2. Verstehen Sie mich gut?

→ ______________________________

3. Er fragte sie nach dem Alter, dann errötete sie.

→ ______________________________

4. Du schreibst das Gedicht ab und übersetzt es ins Japanische.

→ ______________________________

5. Ich will es nicht, aber ich muss es tun.

→ ______________________________

119 IV 音声を聞いて、ドイツ語の文を書き取りなさい（文は３回読まれます）。

____

____

____

____

____

Lektion 8

I 再帰動詞と再帰代名詞を適当な形に変化させ、和訳しなさい。

1. sich erinnern

   Er _________ _________ oft an seine Heimat.

2. sich erkälten

   Sie hat _________ _________.

3. sich beeilen

   Du musst _________ _________.

4. sich vorbereiten

   Habt ihr _________ schon auf die Prüfung _________?

5. sich vornehmen

   Ich habe _________ _________, ihn zu besuchen.

II (　) 内の語を適当な形に変えて受動文を作り、和訳しなさい。

1. Daniel (werden) von einem Auto (überfahren).

   ____

2. Frau Schumann (werden) morgen (operieren) (werden).

   ____

3. Der Brief (werden) sofort (schreiben).

   ____

4. Er (sein) vom Lehrer (loben) (werden).

   ____

5. Der Laden (sein) jeden Tag von 10 bis 20 Uhr (öffnen).

   ____

III 例にならって文を作りなさい。

例 Sie wartet auf ihn. → Auf ihn wird von ihr gewartet.

1. Er dankt ihr für ihre Hilfe.

→ ______________________________

2. Seine Freunde halfen ihm finanziell.

→ ______________________________

3. Auf der Hochzeit hat man viel fotografiert.

→ ______________________________

120 IV 音声を聞いて、ドイツ語の文を書き取りなさい（文は３回読まれます）。

____

____

____

____

____

Lektion 9

I　（　）に適当な関係代名詞を入れ、和訳しなさい。

1. Der Vater, (　　　　) Sohn faul ist, ist unglücklich.
2. Es ist meine Schwester, (　　　　) dieses Bild gemalt hat.
3. (　　　　) sich für Umweltschutz interessiert, wählt vielleicht die Grünen.
4. Hast du etwas gefunden, (　　　　)* du zufrieden bist?

* 前置詞と was の融合形 = wo[r] ＋前置詞

II　関係代名詞を用いて１文にしなさい。

1. Kennen Sie die Frau?
   Die Frau besucht mich morgen.
   → ____________________
2. Der Mann ist mein Onkel.
   Ich helfe dem Mann bei der Arbeit.
   → ____________________
3. Der Mann ist Fußballspieler.
   Sie liebt den Mann.
   → ____________________
4. Der ICE kam eine Stunde zu spät an.
   Ich wollte mit dem ICE nach München fahren.
   → ____________________

III （　）内の語句を用い、関係文で答えなさい。

1. Wer ist Ichiro?
   (Ichiro spielt gern Baseball.)
   → Das ist der Student, ________________________________.
2. Wer ist Nana?
   (Ich war gestern mit ihr im Kino.)
   → Das ist die Studentin, ________________________________.
3. Wer ist Wolfgang?
   (Ich habe ihn in der Schweiz kennengelernt.)
   → Das ist der Deutsche, ________________________________.
4. Wer ist der Mann?
   (Der Unterricht des Professors fällt oft aus.)
   → Das ist der Professor, ________________________________.
5. Wie ist das iPad?
   (Das iPad hat 500 Euro gekostet.)
   → Der iPad, ________________________________, funktioniert gut.

121 **IV** 音声を聞いて、ドイツ語の文を書き取りなさい（文は３回読まれます）。

____

____

____

____

Lektion 10

I　(　) 内の語を接続法第 2 式に変えて、和訳しなさい。

1. Wenn ich ein Vöglein (sein), (fliegen) ich zu ihm.

____

2. Wenn wir noch mehr Geld gehabt (haben), (haben) wir das Auto gekauft.

____

3. Beinahe (sein) er im Examen durchgefallen.

____

4. Ich (haben) eine Frage.

____

5. (haben) ich Zeit, (werden) ich ins Kino gehen.

____

II　例にならって文を作りなさい。

例 Helfen Sie mir bitte mit dem Koffer!
→ Könnten Sie mir vielleicht mit dem Koffer helfen?

1. Machen Sie bitte das Fenster auf!

→ ______________________________

2. Sagen Sie mir bitte, wie ich zur Post komme!

→ ______________________________

3. Zeigen Sie mir bitte, wo man Yen in Euro wechseln kann!

→ ______________________________

III 間接話法に書き換えなさい。

Sie hat mir erzählt: „Herr Hoffmann hat eine neue Wohnung in einem Hochhaus gekauft. Sie liegt in der Mozartstraße und befindet sich im elften Stock. Dort darf man sich einen Hund halten. Damit ist er sehr zufrieden. Nächste Woche wird er in die neue Wohnung einziehen.“

122 **IV** 音声を聞いて、ドイツ語の文を書き取りなさい（文は３回読まれます）。

Lektion 1

I

1.	lerne, lernst	私は英語を学び、君はドイツ語を学ぶ。
2.	Spielt, spielen	君たちはテニスをするのが好きですか。 —いいえ、私たちは野球の方が好きです。
3.	macht, hört	田中さんは何をするのが好きですか。 —彼は音楽を聴くのが好きです。
4.	arbeitet, arbeitet	クラウスはどこで働いていますか。 —彼はハンブルクで働いています。
5.	Reist, reise	君は旅行が好きですか、リーザ。 —ええ、私は旅行が大好きです。
6.	nimmt	彼はタクシーに乗る。
7.	hilft	毎日彼女は父を手伝う。
8.	liest	ミヒャエルは今新聞を読んでいる。
9.	trägt	ハイケはリュックサックを背負っている。
10.	spricht	彼は流暢にドイツ語を話す。

II

1. Wohnt Frau Suzuki in München?
   Wo wohnt Frau Suzuki?
2. Kommt er heute Abend?
   Wann kommt er?
3. Trinkt Herr Müller gern Bier?
   Was trinkt Herr Müller gern?

III

1. Sprich deutlich!
2. Sei vorsichtig!
3. Raucht nicht viel!

IV

Nana ist Studentin. Sie kommt aus Hokkaido, aber sie wohnt jetzt in Kyoto. Peter ist auch Student. Jetzt hat Nana Sommerferien. Sie besucht Peter in Deutschland.

Lektion 2

I

1. dem, eine　私は父にネクタイを買う。
2. dem, ein　おばはその少女に iPad を贈る。
3. die, des　私はその子供の母親を知っている。
4. den　先生はその生徒に質問する。
5. der　その車はその女性の先生のものですか。
6. einen, eine　彼にはひとりの弟とひとりの妹がいる
7. des　その大学生の母親は教師です。
8. dem, den, der　彼女は先生に母親の手紙を持っていく。
9. einen　彼女はある学生を愛している。
10. der, dem　その少年はその旅行者を助けますか。
11. die, der　あそこに子供たちの女性の先生がやってきます。
12. den, die　子供たちはおじさんとおばさんに挨拶をする。
13. ein, dem, eines　ここに一台の自転車があります。この自転車はある医者の息子のものです。
14. den, der　両親は娘の先生を訪ねる。
15. dem, ein　彼はその少女に一冊の本をあげる。

II

1. Die Eltern geben den Söhnen viel Geld.
2. Kennen Sie den Namen der Steine?
3. Die Kinder schenken der Mutter Blumen.
4. Sie öffnet die Türen und die Fenster.
5. Die Mutter kauft den Töchtern Bücher und Hefte.

III

Heute ist der Geburtstag der Mutter. Der Vater schenkt der Mutter eine Uhr. Sie dankt dem Vater und küsst den Vater. Das Kind schenkt der Mutter ein Buch. Die Mutter ist sehr glücklich.

Lektion 3

I

1. jenes
2. Jenes, meiner
3. ×, jeden
4. ×, ihre
5. keine, ×
6. weißen, frische
7. arme, reichen, alte
8. alten, netten, schöne
9. Deutscher, Deutsche
10. Interessantes, heutigen, Interessantes

II

1. Sie liebt deinen Bruder.
2. Es gehört jenem Kind.
3. Das ist das Auto dieses Mannes.
4. Sie schenkt ihm ihr Foto.
5. Ich trinke deutschen Wein.
6. Ich kaufe diesen weißen Hund.
7. Er wohnt in einer schönen und alten Stadt.
8. Sie trägt einen roten Rock.

III

Wie viele Märchen der Gebrüder Grimm kennen Sie? Rotkäppchen bringt ihrer kranken Großmutter Kuchen und Wein. Schneewittchen flieht vor ihrer bösen Stiefmutter zu den 7 Zwergen. Die Vögel helfen Aschenputtel bei ihrer schmutzigen Arbeit. Jeder Deutsche kennt diese Märchen und erzählt sie seinen Kindern oder liest sie vor.

Lektion 4

I

1. Sie schenkt sie ihr.
2. Er gibt es ihm.
3. Sie besucht ihn mit ihnen.
4. Er bringt sie ihm.
5. Sie kaufen ihn ihr.

II

1. Ich lege sie neben das Buch.
2. Sie liegt im Kühlschrank.
3. Ich stelle ihn in die Ecke.
4. Es hängt an der Wand.
5. Ich setze es auf den Stuhl.

III

1. dem
2. die
3. des
4. die
5. die

IV

Der ICE ist schnell und bequem. Von Hamburg bis nach München braucht er nur etwa 6 Stunden und Sie kommen mit ihm direkt ins Zentrum der Stadt. Die Fahrkarten für den ICE sind nicht ganz billig, aber die Leute benutzen ihn trotzdem gern, denn die Wagen sind schön und modern.

Lektion 5

I

1.	Sie muss heute viel arbeiten.	彼女は今日たくさん働かねばならない。
2.	Er soll schwer krank sein.	彼は重病だそうだ。
3.	Sie mag etwa 50 Jahre alt sein.	彼女は 50 歳くらいだろう。
4.	Sie kann gut Französisch sprechen.	彼女はうまくフランス語を話すことができる。
5.	Er will sie morgen besuchen.	彼は彼女を明日訪ねるつもりだ。
6.	Man darf hier parken.	ここに駐車してもよい。
7.	Was möchtest du essen?	君は何が食べたいですか。
8.	Soll ich das Fenster öffnen?	窓を開けましょうか。
9.	Sie muss krank sein.	彼女は病気にちがいない。
10.	Das kann doch nicht wahr sein.	そんなことが本当であるはずがない。

II

1. Sie wird wohl krank sein.
2. Ich werde das Auto kaufen.
3. Nach dem Essen wird er spazieren gehen.
4. Am Nachmittag wird das Wetter wieder gut werden.
5. Du wirst mit uns kommen!

III

Auf den deutschen Autobahnen darf man so schnell fahren, wie man will. Es gibt zwar eine Richtgeschwindigkeit von 130 km/h*, aber man muss diese Geschwindigkeit nicht beachten, und die meisten Leute fahren viel schneller.

*Kilometer pro Stunde という読み方もあります。

Lektion 6

I

1. Sie spart Geld, um ein neues Auto zu kaufen.
2. Er geht weg, ohne sie zu grüßen.
3. Ich nehme ein Taxi, statt zu Fuß zu gehen.

II

1. Was haben Sie heute Abend vor?
2. Wen ladet ihr zur Party ein?
3. Wann stehst du gewöhnlich auf?

III

1. Ich frühstücke nicht, weil ich keinen Appetit habe.
2. Ich komme nicht zur Party, weil ich keine Lust habe.
3. Ich lerne Deutsch, weil ich Interesse an Deutschland habe.
4. Ich stehe jeden Tag so früh auf, weil ich früh morgens gern spazieren gehe.
5. Ich nehme ein Taxi, weil ich in Eile bin.

IV

Auf ihrer Deutschlandreise haben Nana und Peter viele alte, interessante Städte nacheinander besucht, z.B. Augsburg, Rothenburg, Nürnberg usw. Nana hatte aber den großen Wunsch, sich unbedingt einmal Berlin anzusehen, weil sie in Japan deutsche Geschichte studiert hat. Deshalb sind sie nach Berlin gekommen.

Lektion 7

I

1. besuchtest　君は君のおじさんを訪ねた。
2. machte　彼は運転免許を取った。
3. wusste　私はそのことをまったく知らなかった。
4. aßen, tranken　彼らは一晩中飲み食いした。
5. kamen, spielte　私たちが部屋に来た時、彼女はピアノを弾いていた。

II

1. hat　彼はその本をちょうどいま読み終えたところだ。
2. ist　バウアー夫人はとても遅くこの町に着いた。
3. Hast　君はすしを食べたことがありますか。
4. ist　私は彼がきのう彼女と映画に行ったことを知っている。
5. war　彼女が来た時、彼はもう立ち去っていた。

III

1. Er hat zwei Semester in Berlin studiert.
2. Haben Sie mich gut verstanden?
3. Er hat sie nach dem Alter gefragt, dann ist sie errötet.
4. Du hast das Gedicht abgeschrieben und es ins Japanische übersetzt.
5. Ich habe es nicht gewollt, aber ich habe es tun müssen.

IV

Johann Wolfgang von Goethe lebte von 1749 bis 1832. Er studierte Jura und bekleidete später sogar den Posten eines Ministers in Weimar. Im Alter von 25 Jahren schrieb er jenen berühmten Liebesroman „Die Leiden des jungen Werthers“. Der Roman wurde ein Bestseller und machte den Dichter in ganz Europa bekannt.

Lektion 8

I

1. erinnert sich　　彼は時々故郷のことを思い出す。
2. sich erkältet　　彼女は風邪をひいた。
3. dich beeilen　　君は急がなければならない。
4. euch vorbereitet　　君たちはもう試験の準備をしましたか。
5. mir vorgenommen　　私は彼を訪ねることに決めた。

II

1. wurde, überfahren　　ダニエルは車にひかれた。
2. wird, operiert, werden　　シューマン夫人はあす手術されるだろう。
3. wurde, geschrieben　　その手紙はすぐに書かれた。
4. ist, gelobt, worden　　彼は先生にほめられた。
5. ist, geöffnet　　その店は毎日 10 時から 20 時まで開いている。

III

1. Für ihre Hilfe wird ihr von ihm gedankt.
   (Ihr wird von ihm für ihre Hilfe gedankt.)
2. Finanziell wurde ihm von seinen Freunden geholfen.
   (Ihm wurde von seinen Freunden finanziell geholfen.)
3. Auf der Hochzeit ist viel fotografiert worden.

IV

Nana und Peter machen auf dem Rückweg nach Frankfurt in Köln Station. Es fängt eben an zu regnen. Sie gehen ins Café und unterhalten sich über allerlei Dinge. Sie wollen sich natürlich den Kölner Dom anschauen. Der Dom ist sehr schön und der gotische Baustil gefällt Nana sehr gut. Nur schade, dass dort gerade alles im Bau ist.

Lektion 9

I

1. dessen　　息子が怠け者である父親は不幸だ。
2. die　　この絵を描いたのは私の姉です。
3. Wer　　環境保護に興味のある人は緑の党を選ぶでしょう。
4. womit　　君は満足できるものを何かみつけましたか。

II

1. Kennen Sie die Frau, die mich morgen besucht?
2. Der Mann, dem ich bei der Arbeit helfe, ist mein Onkel.
3. Der Mann, den sie liebt, ist Fußballspieler.
4. Der ICE, mit dem ich nach München fahren wollte, kam eine Stunde zu spät an.

III

1. Das ist der Student, der gern Baseball spielt.
2. Das ist die Studentin, mit der ich gestern im Kino war.
3. Das ist der Deutsche, den ich in der Schweiz kennengelernt habe.
4. Das ist der Professor, dessen Unterricht oft ausfällt.
5. Das iPad, das 500 Euro gekostet hat, funktioniert gut.

IV

Nana und Peter sind an der Nordseeküste in der Nähe der holländischen Grenze. Nana hat Interesse an der Landschaft in Norddeutschland, denn sie las gern Theodor Storm, der in seinen Romanen oft die Stimmung in der norddeutschen Landschaft geschildert hat. Sie gehen jetzt auf dem Deich spazieren.

Lektion 10

I

1. wäre, flöge　　小鳥ならば、彼のところに飛んでいくのに。
2. hätten, hätten　　もっとたくさんお金があれば、あの車を買っていたのに。
3. wäre　　あやうく彼はその試験に落ちるところだった。
4. hätte　　質問があるのですが。
5. Hätte, würde　　時間があれば、映画に行くのに。

II

1. Könnten Sie vielleicht das Fenster aufmachen?
2. Könnten Sie mir vielleicht sagen, wie ich zur Post komme?
3. Könnten Sie mir vielleicht zeigen, wo man Yen in Euro wechseln kann?

III

Sie hat mir erzählt, Herr Hoffmann habe eine neue Wohnung in einem Hochhaus gekauft. Sie liege in der Mozartstraße und befinde sich im elften Stock. Dort dürfe man sich einen Hund halten. Damit sei er sehr zufrieden. Nächste Woche werde er in die neue Wohnung einziehen.

IV

Wie geht es dir? Ich hoffe, gut. Bei mir hat hier in Kyoto mein Studium wieder angefangen. Deshalb bin ich zurzeit sehr beschäftigt. Wenn ich etwas mehr Zeit gehabt hätte, hätte ich dir schon in diesem Brief die Abzüge meiner Fotos schicken können. So bekommst du sie leider erst das nächste Mal.

主要不規則動詞変化一覧表

不定詞	直説法 現在	直説法 過去	接続法第２式	過去分詞
beginnen はじめる		**begann**	begänne (begönne)	**begonnen**
bieten 提供する		**bot**	böte	**geboten**
binden 結ぶ		**band**	bände	**gebunden**
bitten たのむ		**bat**	bäte	**gebeten**
bleiben とどまる		**blieb**	bliebe	**geblieben**
brechen やぶる	*du* brichst *er* bricht	**brach**	bräche	**gebrochen**
bringen 運ぶ		**brachte**	brächte	**gebracht**
denken 考える		**dachte**	dächte	**gedacht**
dürfen …してもよい	*ich* darf *du* darfst *er* darf	**durfte**	dürfte	**dürfen** **<gedurft>**
empfehlen 勧める	*du* empfiehlst *er* empfiehlt	**empfahl**	empföhle (empfähle)	**empfohlen**
entscheiden 決定する		**entschied**	entschiede	**entschiden**
essen 食べる	*du* isst *er* isst	**aß**	äße	**gegessen**
fahren （乗り物で）行く	*du* fährst *er* fährt	**fuhr**	führe	**gefahren**
fallen 落ちる	*du* fällst *er* fällt	**fiel**	fiele	**gefallen**
fangen 捕える	*du* fängst *er* fängt	**fing**	finge	**gefangen**
finden 見つける		**fand**	fände	**gefunden**
fliegen 飛ぶ		**flog**	flöge	**geflogen**
geben 与える	*du* gibst *er* gibt	**gab**	gäbe	**gegeben**
gehen 行く		**ging**	ginge	**gegangen**
gelingen うまくいく	*es* gelingt	**gelang**	gelänge	**gelungen**
geschehen 起こる	*es* geschieht	**geschah**	geschähe	**geschehen**

不定詞	直説法		接続法 第２式	過去分詞
	現在	過去		
gewinnen 勝つ		**gewann**	gewänne (gewönne)	**gewonnen**
greifen つかむ		**griff**	griffe	**gegriffen**
haben もっている	*du* hast *er* hat	**hatte**	hätte	**gehabt**
halten つかんでいる	*du* hältst *er* hält	**hielt**	hielte	**gehalten**
hängen 掛かっている		**hing**	hinge	**gehangen**
heben 持ち上げる		**hob**	höbe (hübe)	**gehoben**
heißen （… という）名である	*du* heißt *er* heißt	**hieß**	hieße	**geheißen**
helfen 助ける	*du* hilfst *er* hilft	**half**	hülfe (hälfe)	**geholfen**
kennen 知る		**kannte**	kennte	**gekannt**
kommen 来る		**kam**	käme	**gekommen**
können … できる	*ich* kann *du* kannst *er* kann	**konnte**	könnte	**können** **<gekonnt>**
laden 積む	*du* lädst(ladest) *er* lädt(ladet)	**lud**	lüde	**geladen**
lassen … させる	*du* lässt *er* lässt	**ließ**	ließe	**gelassen** **<lassen>**
laufen 走る	*du* läufst *er* läuft	**lief**	liefe	**gelaufen**
lesen 読む	*du* liest *er* liest	**las**	läse	**gelesen**
liegen 横たわっている		**lag**	läge	**gelegen**
lügen うそをつく		**log**	löge	**gelogen**
mögen … かもしれない	*ich* mag *du* magst *er* mag	**mochte**	möchte	**mögen** **<gemocht>**
müssen … しなければならない	*ich* muss *du* musst *er* muss	**musste**	müsste	**müssen** **<gemusst>**
nehmen 取る	*du* nimmst *er* nimmt	**nahm**	nähme	**genommen**

不定詞	直説法		接続法 第２式	過去分詞
	現在	過去		
nennen 名づける		**nannte**	nennte	**genannt**
raten 助言する	*du* rätst *er* rät	**riet**	riete	**geraten**
rufen 呼ぶ		**rief**	riefe	**gerufen**
scheinen 輝く		**schien**	schiene	**geschienen**
schlafen 眠る	*du* schläfst *er* schläft	**schlief**	schliefe	**geschlafen**
schlagen 打つ	*du* schlägst *er* schlägt	**schlug**	schlüge	**geschlagen**
schließen 閉じる	*du* schließt *er* schließt	**schloss**	schlösse	**geschlossen**
schneiden 切る		**schnitt**	schnitte	**geschnitten**
schreiben 書く		**schrieb**	schriebe	**geschrieben**
schreien 叫ぶ		**schrie**	schriee	**geschrien**
schweigen 黙っている		**schwieg**	schwiege	**geschwiegen**
schwimmen 泳ぐ		**schwamm**	schwömme (schwämme)	**geschwommen**
sehen 見る	*du* siehst *er* sieht	**sah**	sähe	**gesehen**
sein ある	*ich* bin *du* bist *er* ist *wir* sind *ihr* seid *sie* sind	**war**	wäre	**gewesen**
singen 歌う		**sang**	sänge	**gesungen**
sitzen すわっている	*du* sitzt *er* sitzt	**saß**	säße	**gesessen**
sollen …すべきである	*ich* soll *du* sollst *er* soll	**sollte**	sollte	**sollen** **<gesollt>**
sprechen 話す	*du* sprichst *er* spricht	**sprach**	spräche	**gesprochen**
springen 跳ぶ		**sprang**	spränge	**gesprungen**

不定詞	直説法		接続法第2式	過去分詞
	現在	過去		
stehen 立っている		**stand**	stünde (stände)	**gestanden**
stehlen 盗む	*du* stiehlst *er* stiehlt	**stahl**	stähle	**gestohlen**
steigen のぼる		**stieg**	stiege	**gestiegen**
sterben 死ぬ	*du* stirbst *er* stirbt	**starb**	stürbe	**gestorben**
streiten 争う		**stritt**	stritte	**gestritten**
tragen 運ぶ	*du* trägst *er* trägt	**trug**	trüge	**getragen**
treffen 会う	*du* triffst *er* trifft	**traf**	träfe	**getroffen**
treten 歩む	*du* trittst *er* tritt	**trat**	träte	**getreten**
trinken 飲む		**trank**	tränke	**getrunken**
tun する		**tat**	täte	**getan**
vergessen 忘れる	*du* du *er* vergisst er vergisst	**vergaß**	vergäße	**vergessen**
verlieren 失う		**verlor**	verlöre	**verloren**
wachsen 成長する	*du* wächst *er* wächst	**wuchs**	wüchse	**gewachsen**
waschsen 洗う	*du* wäschst *er* wäscht	**wusch**	wüsche	**gewaschen**
werden …になる	*du* wirst *er* wird	**wurde**	würde	**geworden** **<worden>**
werfen 投げる	*du* wirfst *er* wirft	**warf**	würfe	**geworfen**
wissen 知っている	*ich* weiß *du* weißt *er* weiß	**wusste**	wüsste	**gewusst**
wollen …するつもりだ	*ich* will *du* willst *er* will	**wollte**	wollte	**wollen** **<gewollt>**
ziehen 引く		**zog**	zöge	**gezogen**

<著者略歴>

橋本政義（はしもとまさよし）

現在、京都外国語大学特任教授。専門はドイツ語学、対照言語学。

主要著書に、『副文・関係代名詞・関係副詞（ドイツ語文法シリーズ第９巻）』（大学書林、共著）、『名詞・代名詞・形容詞（ドイツ語文法シリーズ第２巻）』（大学書林、共著）、『ドイツ語名詞の性の話』（大学書林）、『アクセス独和辞典』（三修社、共著）、『アクセス和独辞典』（三修社、共著）、『ドイツ語会話厳選パターンフレーズ 80』（国際語学社）、『口を鍛えるドイツ語作文（初級編）』（国際語学社）、『口を鍛えるドイツ語作文（中・上級編）』（国際語学社）、『会話と作文に役立つドイツ語定型表現 365』（三修社）などがある。

ひとりで学べるドイツ語

文法の基本がしっかり身につく

2020年7月25日　第1刷発行

著　者　橋本　政義

発行者　前田俊秀

発行所　株式会社　三修社

〒150-0001 東京都渋谷区神宮前 2-2-22

TEL 03-3405-4511

FAX 03-3405-4522

振替 00190-9-72758

https://www.sanshusha.co.jp/

編集担当　永尾真理

DTP　藤原　志麻

装幀　岩泉　卓屋

地図作成　宮澤　ナツ

印刷・製本　日経印刷株式会社

 ISBN978-4-384-05958-8 C1084

本書は、『あなただけのドイツ語家庭教師』（国際語学社）を改題改訂しました。